Für das Referendariat

JURA INTENSIV

CRASHKURS Assex Strafurteil

S2-Klausur

Dr. Dirk Schweinberger

2. Auflage

Jura Intensiv Verlags UG & Co. KG, Frankfurt, Mai 2020

Herr **Dr. Dirk Schweinberger** ist Assessor und Franchisenehmer des Repetitoriums **JURA INTENSIV** in Frankfurt, Gießen, Heidelberg, Mainz und Marburg. Er wirkt seit über 19 Jahren als Dozent des Repetitoriums und ist Redakteur der Ausbildungszeitschrift RA – Rechtsprechungs-Auswertung. In den Skriptenreihen von **JURA INTENSIV** ist er Autor bzw. Co-Autor der Skripte: Strafrecht AT I und II, Strafrecht BT I und II, Irrtumslehre, Arbeitsrecht, Crashkurs Strafrecht, Crashkurs Strafrecht Bayern, Crashkurs Handelsrecht, Crashkurs Arbeitsrecht, Crashkurs Gesellschaftsrecht, Crashkurs Assex Strafurteil, Kompakt Strafrecht, Basis-Fälle Handelsrecht, Basis-Fälle Strafrecht AT, Basis-Fälle Strafrecht BT I und II.

Autor
Dr. Dirk Schweinberger

Verlag und Vertrieb
Jura Intensiv Verlags UG (haftungsbeschränkt) & Co. KG
Eschersheimer Landstr. 60 - 62
60322 Frankfurt am Main
info@verlag.jura-intensiv.de
www.verlag.jura-intensiv.de

Konzept und Gestaltung
Stefanie Körner

Gestaltung Cover
B. A. Huyen Truong, Stefanie Körner

Druck und Bindung
Druckerei Busch GmbH, Raiffeisenring 31, 46395 Bocholt

ISBN 978-3-96712-016-5

VORWORT

In den meisten Bundesländern müssen Sie im 2. Staatsexamen **zwei Klausuren** im Strafrecht schreiben. In Niedersachsen und im Saarland nur eine.

In den Bundesländern mit 2 Klausuren gilt:
Die „**S1-Klausur**" ist in der Regel eine **Anklageschrift**. In manchen Bundesländern (z.B. Bayern, Baden-Württemberg und Berlin) müssen Sie aber auch mit „exotischen" Aufgabenstellungen rechnen, wie z.B. einem Plädoyer, einer sofortigen Beschwerde der StA gegen den Nicht-Erlass eines Strafbefehls oder einer Einstellungsbeschwerde oder einer reinen Haftrechtsklausur.

Die „**S2-Klausur**" ist in den meisten Bundesländern entweder eine **Revisionsklausur** oder eine **Strafurteilsklausur**. Hierbei taucht die Revisionsklausur häufiger auf als die Urteilsklausur.

Achten Sie darauf, dass es aber auch Bundesländer gibt – z.B. Bayern und Rheinland-Pfalz – in denen es in der Vergangenheit Prüfungstermine gab, in denen eine Revisions- und eine Urteilsklausur gestellt wurden, also keine „S1-Klausur".

Informieren Sie sich stets vor Ort über die lokalen Besonderheiten.

Das vorliegende Skript soll kein umfassendes Nachschlagewerk für die Praxis sein, sondern dem Referendar dazu diesen, sich dasjenige Wissen zu verschaffen, welches er für eine gute Urteilsklausur auswendig parat haben muss.

Schon dasjenige zu wissen, was in diesem Skript dargestellt wird, ist schwer genug; mehr ist unnötig.

Achten Sie darauf, sich nicht in Details zu verlieren.

Hierbei soll Ihnen das vorliegende Werk eine wertvolle Unterstützung und Anleitung bieten.

Dirk Schweinberger

INHALT

EINLEITUNG

I. Der Aufbau des Skripts

Im vorliegenden Skript finden Sie zunächst ein kurzes kommentiertes Strafurteil.
Dieses soll Ihnen einerseits einen ersten Überblick über den Aufbau eines Strafurteils vermitteln und andererseits eine regelmäßige Schnellwiederholung des Aufbaus und der Kernelemente des Urteils ermöglichen.

Es schließt sich dann jeweils eine (möglichst) knappe – auf das für die Klausur nötige Präsenzwissen beschränkte – Darstellung der verschiedenen Teile des Strafurteils an.

Im Anschluss werden kurz die Besonderheiten eines (Teil-)Freispruchs und einer (Teil-)Einstellung dargestellt.

II. Die Anforderungen im Examen

Wenn von Ihnen ein Strafurteil verlangt wird, ist dies in der Regel ein vollständiges Urteil. Nur selten wird im Bearbeitervermerk stehen, dass die persönlichen Verhältnisse nicht zu schildern sind.
Vor diesem Hintergrund erhält der Prüfling ein Aktenstück in welchem sich mindestens Anklage und Eröffnungsbeschluss sowie das Protokoll der Hauptverhandlung finden. Zusätzlich können enthalten sein polizeiliche oder ermittlungsrichterliche Vernehmungsprotokolle sowie z.B. Strafanzeigen.
Aus diesem Aktenstück hat der Prüfling ein Strafurteil zu entwerfen.

Typische sich stellende Probleme sind:

- Würdigung verschiedener Beweismittel in Form eines Indizienbeweises.
- Würdigung sich widersprechender Zeugenaussagen.
- Können Aussagen aus Vernehmungen im Ermittlungsverfahren in die Hauptverhandlung eingeführt werden, oder steht der Grundsatz der Unmittelbarkeit (vgl. §§ 250 ff. StPO) entgegen?
- Liegen Beweisverwertungsverbote vor?
- Natürlich: Das materielle Recht.

III. Die Arbeitsschritte in der Klausur

1. Schritt: Lesen Sie das Aktenstück in der folgenden Reihenfolge:

1. Bearbeitervermerk

Sie müssen schon bei der ersten Lektüre des Aktenstücks den richtigen Fokus haben. Was ist Ihre Aufgabe? Worauf müssen Sie sich konzentrieren?

2. Anklageschrift

Beginnen Sie mit der Anklageschrift, weil diese Ihnen mitteilt, worum es in dieser Klausur eigentlich vom Sachverhalt her geht. Sie können die weiteren Teile des Aktenstücks dadurch sofort besser einordnen.

3. Eröffnungsbeschluss
Achten Sie auf eine eventuelle Eröffnung mit anderen Straftatbeständen als in der Anklage angenommen. Insoweit kommt es nämlich nicht mehr auf den rechtlichen Hinweis gem. § 265 StPO an.

4. Protokoll der Hauptverhandlung
Achten Sie hier erstens darauf, ob der angeklagte und eröffnete Sachverhalt u.U. durch neue Erkenntnisse modifiziert wird. Das kann dann nämlich zu einer anderen Subsumtion führen und einen Hinweis gem. § 265 StPO erforderlich machen. Dieser ist laut Bearbeitervermerk stets zu unterstellen. Zweitens müssen Sie darauf achten, ob sich bei den erhobenen Beweisen Probleme ergeben. Hier tauchen **Ähnlichkeiten zur Revisionsklausur** auf. Bei dieser müssen Sie ja auch aus dem Protokoll der Hauptverhandlung Fehler bei der Beweiserhebung herausfiltern.

5. Rest des Aktenstücks

2. Schritt: Notizzettel (parallel zu Schritt 1)
Die Klausur wird materiell-rechtlich aus mehreren „Tatkomplexen" bestehen. Legen Sie für jeden ein eigenes Blatt an. Schreiben Sie auf die Vorderseite groß eine Kurzbezeichnung, z.B. „Der Banküberfall". Notieren Sie auf diesem Blatt alle zugehörigen Informationen und Probleme aus dem Aktenstück. In der Regel dürften für einen Tatkomplex Vorder- und Rückseite eines Blattes genügen.

Eine denkbare Struktur ihres Notizzettels könnte sein, dass Sie in zwei Spalten arbeiten:

- Linke Spalte: Kurze Notiz des Sachverhalts
- Rechte Spalte: Zugehörige Probleme aus dem Bereich der Beweiswürdigung, der Beweisverwertung und des materiellen Rechts.

Bei dieser Vorgehensweise müssen Sie in der linken Spalte sehr großzügig mit dem Platz umgehen, damit Sie rechts genügend Platz haben für die zugehörigen Probleme.

Merke: Solche (oder andere) Klausur-Routinen müssen Sie vor dem Examen üben und die für Sie passende Arbeits- und Herangehensweise finden.

3. Schritt: Erstellung des Urteils („Reinschrift")
Die „richtige" Reihenfolge in der Erstellung des Urteils zu bestimmen fällt nicht leicht, weil sich die verschiedenen Teile des Urteils wechselseitig beeinflussen. Der Praktiker wird in seinem Word-Dokument ständig hoch- und runterscrollen und Passagen ergänzen. Diese Option haben Sie in der Klausur – schon wegen des Zeitdrucks – kaum. Die erste Formulierung sollte deshalb möglichst oft „sitzen".

KLAUSURHINWEIS
Sie werden geradezu zwingend an den Punkt kommen, wo Sie im Laufe der Klausur bemerken, dass Sie „oben" noch etwas nachtragen müssen.
Gehen Sie deshalb verschwenderisch mit dem Platz um. Beschreiben Sie z.B. stets nur jede zweite Zeile. Das lässt Ihnen den Platz, um nachträglich auch noch ganze Sätze einfügen zu können.
Beginnen Sie weiterhin jeden Teil des Urteils mit einer neuen Seite. Auch hierdurch werden Ihnen nachträgliche Ergänzungen oder Korrekturen erleichtert.

Das Urteil gliedert sich wie folgt:

- Rubrum
- Persönliche Verhältnisse
- Sachverhaltsschilderung
- Beweiswürdigung
- Rechtliche Würdigung
- Strafzumessung
- Kostenentscheidung

Dabei haben vor allem die Punkte Sachverhaltsschilderung, Beweiswürdigung und rechtliche Würdigung massive **Wechselwirkungen**:

In den Sachverhalt gehören alle Schilderungen, die für die rechtliche Würdigung gebraucht werden. Häufig merkt man jedoch erst im Rahmen der rechtlichen Würdigung, dass man auf einen bestimmten Aspekt abstellen muss, der im Sachverhalt noch nicht geschildert ist. Fängt man deshalb mit der rechtlichen Würdigung an, um zu wissen, was man im Sachverhalt alles schildern muss?
Kann man aber eine rechtliche Würdigung zu einem Sachverhalt schreiben, den man noch gar nicht verfasst hat? Bemerkt man dann u.U. nicht zu spät, dass sich der Sachverhalt – z.B. wegen eines Beweisverwertungsverbots – doch anders darstellt?

Sie merken also, man dreht sich in gewisser Weise im Kreis. In den Sachverhalt gehört nur, was bewiesen werden kann und was für die rechtliche Würdigung notwendig ist. Hierin liegt das besondere Problem einer Urteilsklausur.

KLAUSURHINWEIS
Sie sollten zuerst den Sachverhalt schreiben. Hierbei müssen Sie aber schon wissen, was Sie als beweisbar ansehen und welche Delikte mit welchen Tatbestandsmerkmalen Sie dadurch ausfüllen wollen. Danach schreiben Sie die Beweiswürdigung und danach die rechtliche Würdigung.

Merke: Vor dem Beginn mit der Abfassung des Urteils müssen Sie eine gründliche Gliederung der drei in Wechselbeziehung stehenden Teile des Urteils (Sachverhaltsschilderung, Beweiswürdigung und rechtliche Würdigung) durchgeführt haben. Nur so verhindern Sie, dass Ihnen während der Abfassung ständig Lücken in bereits geschriebenen Passagen auffallen.

Klausur mit mehreren Tatkomplexen
Sie werden im Urteil mehrere Tatkomplexe zu bewältigen haben. Damit Sie nicht zu viele Aspekte gleichzeitig im Kopf haben, ist dringend zu empfehlen diese Tatkomplexe der Reihe nach zu behandeln. Keinesfalls dürfen Sie nämlich im Eifer des Gefechts die Zeugin aus Tatkomplex drei im Tatkomplex zwei ansprechen. Das droht aber zu passieren, wenn Sie zu viele Themen gleichzeitig behandeln.

KLAUSURHINWEIS
Schreiben Sie zunächst für den ersten Tatkomplex Sachverhalt, Beweiswürdigung, rechtliche Würdigung und Strafzumessung. Gehen Sie dann zum zweiten (dann dritten, etc.) Tatkomplex und arbeiten Sie diese Schritte immer wieder der Reihe nach ab.
Beginnen Sie stets eine neue Seite.

Am Ende dieser immer wiederholten Begründungsschritte könnte Ihr Urteil dann wie folgt aussehen:

GRÜNDE

I.

(Persönliche Verhältnisse des Angeklagten)
[danach: neue Seite]

II.

(Schilderung des erwiesenen SV)

1. (Schilderung z.B. des Straßenüberfalls)
[danach: neue Seite]

2. (Schilderung z.B. der Nichtbezahlung im Supermarkt)
[danach: neue Seite]

3. (Schilderung z.B. des Verprügelns eines Opfers)
[danach: neue Seite]

III.

(Beweiswürdigung)

1. (Beweiswürdigung bzgl. des Straßenüberfalls)
[danach: neue Seite]

2. (Beweiswürdigung bzgl. der Nichtbezahlung im Supermarkt)
[danach: neue Seite]

3. (Beweiswürdigung bzgl. des Verprügelns eines Opfers)
[danach: neue Seite]

IV.

(Rechtliche Würdigung)

1. (Rechtliche Würdigung bzgl. des Straßenüberfalls)
[danach: neue Seite]

2. (Rechtliche Würdigung bzgl. der Nichtbezahlung im Supermarkt)
[danach: neue Seite]

3. (Rechtliche Würdigung bzgl. des Verprügelns eines Opfers)
[danach: neue Seite]

V.

(Strafzumessung)

1. (Strafzumessung bzgl. des Straßenüberfalls)
[danach: neue Seite]

2. (Strafzumessung bzgl. der Nichtbezahlung im Supermarkt)
[danach: neue Seite]

3. (Strafzumessung bzgl. des Verprügelns eines Opfers)
[danach: neue Seite]

4. (Strafzumessung im Rahmen der Gesamtstrafenbildung)

VI.

(Kostenentscheidung)

(Unterschrift des Richters)

Nochmals: So sieht Ihr Urteil **am Ende** aus. Sie schreiben die entsprechenden Teile (also zuerst alles zum 1. Tatkomplex unter „1.", dann alles zum 2. Tatkomplex unter „2.") aber schrittweise. Sie müssen also die neu geschriebenen Seiten regelmäßig nachträglich an der richtigen Stelle einsortieren. Damit ist auch klar, dass Sie die Seiten erst ganz am Ende nummerieren können.

KLAUSURHINWEIS
Im Grundsatz darf ein Urteil keine Gliederungen enthalten. Es gibt nur die **römischen Ziffern** in der Mitte der Seite, welche die verschiedenen Teile des Urteils einleiten. Die **arabischen Ziffern** werden nur verwendet, um die verschiedenen Taten im materiellen Sinn voneinander zu trennen.

GRUNDMUSTER BEIM SCHULDSPRUCH

Az.:	
Landgericht Neustadt Im Namen des Volkes Urteil	
In der Strafsache	In Privatklagesachen: „In der Privatklagesache gegen“
gegen	
1. Berthold Stahl, geboren am 01.11.1989 in Neustadt, wohnhaft Hauptstraße 2, 12345 Neustadt, ledig, deutscher Staatsangehöriger,	vgl. Nr. 141 I 1 i.V.m. 110 II a) RiStBV; Beruf zwingend angeben, wenn zum Verständnis des angeklagten Delikts nötig
- in dieser / anderer Sache seit dem 01.10.20XX in Untersuchungshaft / Strafhaft in der Justizvollzugsanstalt Neustadt - (bei Minderjährigen Namen und Anschriften der gesetzlichen Vertreter)	Es ist nicht nötig, das Aktenzeichen und das Gericht anzugeben, welches die U-Haft angeordnet hat. Primär dient die Mitteilung der Haft nur der Erreichbarkeit des Angeklagten. (Das Urteil muss ja vollstreckt werden!)
2. Rüdiger Stahl, geboren am 07.11.1991 in Neustadt, wohnhaft Nebenstraße 5, 12345 Neustadt, verheiratet, deutscher Staatsangehöriger,	Bei mehreren Angeklagten nach Alter (ältester zuerst) sortieren. Jugendliche aber zuerst.
wegen Diebstahls	Angabe des schwersten Delikts (bei mehreren gleich schweren dasjenige, welches die Tat „prägt“). Für weitere Delikte nur „u.a.“ schreiben.
hat das Amtsgericht – Strafrichter – Neustadt	Angabe des Spruchkörpers
in der Sitzung / aufgrund (in) der Hauptverhandlung	Hier auf die lokalen Besonderheiten achten!
vom (Datum)	Alle Sitzungstage aufführen (MG/S, § 275 Rn 25).

an der teilgenommen haben:	Reihenfolge ergibt sich aus § 275 III StPO.
Richter am Amtsgericht Hart	
Staatsanwalt Bitter als Beamter (auch **Vertreter) der Staatsanwaltschaft**	Jeden StA aus allen Sitzungstagen aufführen.
Rechtsanwalt Eilig als Verteidiger	Keine Angabe, ob Wahl- oder Pflichtverteidiger (MG/S, § 275 Rn 26).
Justizangestellte Tipp als Urkundsbeamtin der Geschäftsstelle	Nur diejenige, welche bei Urteilsverkündung Protokoll geführt hat.
für Recht erkannt:	
Die Angeklagten B.S. und R.S. haben sich eines Diebstahls schuldig gemacht. **Es werden deshalb verurteilt, der Angeklagte A zu (...) und der Angeklagte B zu (...).**	Lies § 260 IV StPO und MG/S, § 260 Rn 19 ff. In einfachen Fällen können Schuld- und Rechtsfolgenausspruch bei Alleintätern in einem Satz zusammengefasst werden: *Der Angeklagte A wird wegen Wohnungseinbruchsdiebstahls zu einer Freiheits- / Geldstrafe von (...) verurteilt.*
Die Angeklagten tragen die Kosten des Verfahrens.	Beim Schuldspruch erfolgt keine Verurteilung dazu, die *„notwendigen Auslagen"* zu tragen (MG/S, § 464 Rn 10).
Angewendete Vorschriften: §§ 242 Abs. 1, 25 Abs. 2	Regel: „BT" aufsteigend, „AT" aufsteigend, Nebengesetze
Gründe: **I.** **1. Der Angeklagte Berthold Stahl ist in geordneten häuslichen Verhältnissen zusammen mit seinem zwei Jahre jüngeren Bruder aufgewachsen. Sein Vater ist Elektriker, die Mutter arbeitet als Sprechstundenhilfe. Nach Abschluss der Realschule erlernte der Angeklagte den Beruf eines Malers in welchem er bis heute tätig ist. Er erzielt ein monatliches Nettoeinkommen in Höhe von ... €. Er ist ledig und hat keine Kinder. Er ist nicht vorbestraft.** **2. Der Angeklagte Rüdiger Stahl ...**	Ein Strafurteil hat keine Überschriften, mit Ausnahme der Überschrift „Gründe". Die nachfolgenden Teile eines Urteils werden nur mit römischen Ziffern untergliedert. Arabische Ziffern sollten nur bei verschiedenen Angeklagten und verschiedenen Taten verwendet werden. **Schilderung der persönlichen Verhältnisse des / der Angeklagten** auf das absolut Wesentliche reduzieren; nur soweit, als Einfluss auf Maß der Schuld oder Höhe der Strafe möglich. • Geburtsort und Elternhaus • Schulbildung und beruflicher Werdegang • Gegenwärtige persönliche, familiäre und wirtschaftliche Verhältnisse • Vorstrafen

Die Darstellung der persönlichen Verhältnisse erfolgt im Präsens *[(...) **ist** als angestellter KfZ-Mechaniker tätig (...)]* **(für vergangene Tatsachen im Imperfekt)** *[(...) **wurde** (...) geboren (...)].*

II.

Am (Datum) begaben sich die Angeklagten gegen 17.30 Uhr in die Geschäftsräume der K.-GmbH in N. Dort entwendeten sie vier HP-Druckerpatronen und zehn Intenso USB-Sticks im Gesamtwert von etwa 340,00 EUR, indem der Angeklagte B.S. die Druckerpatronen in seinen vorderen Hosenbund, und der Angeklagte R.S. die USB-Sticks in seine Jackenärmel steckte. Anschließend verließen sie den Einkaufsmarkt, um die Ware ohne Bezahlung für sich zu behalten und um diese später unter einander hälftig aufzuteilen.

§ 267 I 1 StPO: Die „Urteilsgründe müssen die für **erwiesen erachteten Tatsachen** angeben, in denen die gesetzlichen Merkmale der Straftat gefunden werden". **Sachverhaltsdarstellung** aus Sicht „allwissenden Erzählers", der sich bzgl. subj. Merkmale in einen Beteiligten hineinversetzen kann, in der **Vergangenheitsform** (**Imperfekt**).

Merke: Meist kann der konkrete Anklagesatz der Anklage als Vorlage verwendet werden.

III.

Die Feststellungen zur Person ergeben sich aus den Angaben der Angeklagten. Die Feststellungen zur Sache ergeben sich aus den Einlassungen der Angeklagten, soweit ihnen gefolgt werden konnte, und den in der Hauptverhandlung erhobenen Beweisen.

Einleitungssatz in die Beweiswürdigung.

Die Angeklagten haben die Tat gestanden. Die Geständnisse sind glaubhaft, weil sie sich mit der Schilderung der Tat durch den Zeugen Müller deckt, welcher die Angeklagten nach dem Verlassen des Ladenlokals beim Herausholen der Tatbeute aus der Kleidung beobachtet hat.
(...)

Merke:
Der **Angeklagte** „lässt sich ein", „bestreitet", „räumt ein", „gibt vor" oder „gesteht".
Zeugen „sagen aus", „bekunden" oder „schildern".
Die Person ist „**glaubwürdig**". Der Aussagegehalt ist „**glaubhaft**".

IV.

Die Angeklagten haben sich eines gemeinschaftlichen Diebstahls gem. §§ 242 Abs. 1, 25 Abs. 2 StGB schuldig gemacht.
Sie haben fremde bewegliche Sachen der K.-GmbH weggenommen, indem sie diese in ihrer Kleidung verbargen und so eine Gewahrsamsenklave begründet haben.
Sie handelten gemeinschaftlich als Mittäter, weil sie aufgrund eines gemeinsamen Tatentschlusses arbeitsteilig vorgingen und die Beute nach der Tat teilen wollten.
Da sie die Sachen für sich verwerten wollten, handelten sie jeweils in Zueignungsabsicht.

Im Rahmen der rechtlichen Würdigung ist zunächst das Ergebnis voranzustellen.

Im Rahmen einer Subsumtion werden die zu subsumierenden Tatsachen (also der festgestellte Sachverhalt) im Imperfekt ggf. im Perfekt dargestellt.
Rechtliche Probleme (Definitionen etc.) im Präsens.

V.

Der Diebstahl wird mit Freiheitsstrafe bis zu fünf Jahren oder mit Geldstrafe bestraft.

1. Im Rahmen der Strafzumessung wurde zugunsten des Angeklagten B.S. berücksichtigt, dass er bislang strafrechtlich noch nicht in Erscheinung getreten ist. Darüber hinaus ist durch den Diebstahl, den er vollständig eingeräumt hat, kein gravierender Schaden entstanden.
Gravierende Strafschärfungsgründe sind demgegenüber nicht ersichtlich, so dass es bei einer Geldstrafe belassen werden konnte, die Verhängung einer kurzen Freiheitsstrafe war bezüglich der Tat nicht unerlässlich im Sinne des § 47 StGB. Nach Abwägung der für und gegen den Angeklagten sprechenden Umstände hält das Gericht eine Geldstrafe von ... Tagessätzen zu je ... EUR für tat- und schuldangemessen.

Das Gericht ist verpflichtet, gem. § 267 III 1 StPO diejenigen Umstände aufzuführen, die für die Strafzumessung bestimmend gewesen sind.

1. Schritt: Bestimmung des gesetzlichen Strafrahmens

2. Schritt: Bestimmung des Schuldrahmens (Strafzumessung im engeren Sinn)
Es müssen dabei alle Umstände, die für und gegen den Angeklagten sprechen, gegeneinander abgewogen werden.

3. Schritt: Konkrete Festsetzung der Strafe nach Art und Höhe

Die konkrete Festsetzung z.B. der Höhe der Freiheitsstrafe ist im Bearbeitervermerk stets erlassen.

VI.

Die Kostenentscheidung ergibt sich aus §§ 465 Abs. 1, 466 S. 1 StPO.

Hart
Richter am AG

Mehrere Angeklagte haften bei Verurteilung wegen derselben Tat gem. § 466 S. 1 StPO gesamtschuldnerisch für die Verfahrenskosten.

I. Bezeichnung des Angeklagten

Az.:

Landgericht Neustadt

Im Namen des Volkes

Urteil

In der Strafsache

gegen

Berthold Stahl, geboren am 01.11.1979 in Neustadt, wohnhaft Hauptstraße 2, 12345 Neustadt, ledig, deutscher Staatsangehöriger,

- in dieser / anderer Sache seit dem 01.10.20XX in Untersuchungshaft / Strafhaft in der Justizvollzugsanstalt Neustadt -

(bei Minderjährigen Namen und Anschriften der gesetzlichen Vertreter)

Ⓟ Umfang der Angaben zur Person
Ⓟ Angabe der Berufsbezeichnung
Ⓟ Wohnort – vor allem bei Haft
Ⓟ Staatsangehörigkeit
Ⓟ Minderjährige
Ⓟ Mehrere Angeklagte

Ⓟ Umfang der Angaben zur Person
Urteilskopf gem. § 275 III StPO:
Es fällt zunächst auf, dass der Kopf eines Strafurteils wesentlich mehr Angaben über die Angeklagten enthält als das Rubrum eines Zivilurteils über die Parteien: Neben Name und Anschrift der Angeklagten (und ggf. ihrer gesetzlichen Vertreter) erscheinen hier insbesondere auch Geburtstag, Geburtsort, Familienstand, Nationalität und teilweise auch der Beruf. Der Familienstand wird an unterschiedlichen Orten angegeben.
Nicht schon an dieser Stelle den **Verteidiger** benennen.

Ⓟ Angabe der Berufsbezeichnung

Die – früher durchgängig übliche – Benennung des Berufs wird zunehmend weggelassen, obwohl dies in Nr. 141 I 1 i.V.m. 110 IIa) RiStBV eigentlich vorgesehen ist. Anders ist dies aber, wenn anderenfalls die angeklagte Straftat nicht verständlich ist. Dies ist der Fall wenn z.B. eine besondere Tätereigenschaft nötig ist, wie die Amtsträgerstellung oder die Vermögensbetreuungspflicht bei § 266 StGB.
In diesem Fall schreibt man:

„gegen den Prokuristen Peter Pohlmann"

Ⓟ Wohnort – vor allem bei Haft

falls U-Haft:

... zuletzt wohnhaft in ... derzeit in der JVA ...

Oder:

– in dieser / anderer Sache seit dem 01.10.2012 in Untersuchungshaft in der Justizvollzugsanstalt XY –

Die Angaben zur Haft unterscheiden sich von denen in der Anklage. Es ist nicht nötig, das Aktenzeichen und das Gericht anzugeben, welches die U-Haft angeordnet hat. Primär dient die Mitteilung der Haft nur der Erreichbarkeit des Angeklagten, weil das Urteil (der Tenor) vollstreckt werden muss. In dieser Sache in der Vergangenheit erlittene U-Haft ist – im Unterschied zur Anklage – ebenfalls nicht anzugeben.
Bei der Anklage geht es um die Information des Gerichts durch die StA bzgl. einer möglichen Anrechnung. Dieser Zweck entfällt im Urteil.

Nötig ist die Angabe, ob und seit wann sich der Angeklagte **in dieser Sache** in U-Haft befindet oder einstweilen untergebracht ist, bzw. dass und wo er sich in Strafhaft befindet oder gem. §§ 63 ff. StGB untergebracht ist.

Bei Obdachlosen: „(derzeit) **ohne festen Wohnsitz**"

Ⓟ Staatsangehörigkeit

Nicht „Deutscher" oder „Türke", sondern „deutscher Staatsangehöriger".

Ⓟ Minderjährige

Bei Minderjährigen Namen und Anschriften der gesetzlichen Vertreter anführen.

Ⓟ Mehrere Angeklagte

Bei mehreren Angeklagten sind diese nach Alter zu sortieren; der Älteste zuerst. Sollte ein junger Angeklagter die Zuständigkeit des Jugendgerichts begründen, ist dieser als erster aufzuführen.
Die verschiedenen Angeklagten sind mit arabischen Ziffern zu versehen. Ob man „1." oder „1.)" schreibt, ist egal.
Im weiteren Verlauf des Urteils niemals schreiben: „Der Angeklagte zu 1.)", sondern immer „Der Angeklagte Müller".

II. Kurzbezeichnung

wegen Diebstahls

wegen Betrugs u.a.

wegen des Verdachts der Körperverletzung / des Betrugs

Ⓟ Grundregeln für die Kurzbezeichnung
Ⓟ Sonderfall: Freispruch

Ⓟ Grundregeln für die Kurzbezeichnung

Bei der Bezeichnung der Straftat sind jeweils die amtlichen Überschriften zu verwenden.

Es ist üblich (wenn auch nicht gesetzlich vorgeschrieben) die Straftat kurz anzugeben, die im Urteilszeitpunkt (!) Gegenstand des Verfahrens war (also nicht die Straftat wegen der ermittelt wurde!). Deshalb darf die Bezeichnung der Straftat nicht einfach aus der Anklageschrift übernommen werden. Wenn dem Angeklagten z.B. zunächst eine Strafvereitelung zur Last gelegt wurde, er jedoch nur wegen Vortäuschens einer Straftat verurteilt worden ist, so darf es im Rubrum nicht „wegen Strafvereitelung", sondern es muss „wegen Vortäuschens einer Straftat" heißen.

Es wird stets nur eine Straftat angeführt und zwar die vom Strafrahmen am schwersten wiegende Tat.
Sollten mehre Tatbestände (egal ob diese in Tateinheit oder in Tatmehrheit stehen) abgeurteilt werden, die den gleichen Strafrahmen haben, so sollte das die Tat prägende Delikt aufgeführt werden.

BEISPIEL: §§ 263 I, 267 I StGB in Tateinheit.

Hier ist zu schreiben „wegen Betrugs u.a.", weil die Urkundenfälschung zum Zwecke der Begehung des Betrugs begangen wurde.

Sollte es kein die Tat prägendes Delikt geben, ist das Delikt mit gleichem Strafrahmen aufzuführen, welches am häufigsten begangen wurde. Ansonsten bei Tatmehrheit das Delikt, welches die höchste Einzelstrafe begründet.

Ⓟ Sonderfall: Freispruch

wegen des Verdachts der / des

Die Formulierung „wegen Verdachts des" ist nur bei freisprechendem Urteil zu verwenden. Bei mehreren Straftaten wird stets nur der schwerste Vorwurf angegeben und ein Hinweis auf die weiteren Vorwürfe aufgenommen: z.B. „wegen schweren Raubes u.a.".

Nicht darf diese Formulierung verwendet werden, wenn das Urteil (deutlich) hinter der Anklage und dem Eröffnungsbeschluss zurückbleibt.

BEISPIEL: Anklage und Eröffnung wegen Mordes. Urteil nur wegen Körperverletzung mit Todesfolge.

In diesem Fall darf nicht geschrieben werden „wegen Verdachts des Mordes", sondern es muss heißen:
„wegen Körperverletzung mit Todesfolge"

Das gilt auch dann, wenn nur das ursprünglich angeklagte Delikt in der Lage ist, die sachliche Zuständigkeit des urteilenden Tatgerichts zu erklären.

III. Gericht und teilnehmende Personen

hat das Amtsgericht – Strafrichter – Neustadt

in der Sitzung / aufgrund (in) der Hauptverhandlung

vom (Datum)

an der teilgenommen haben:

Richter am Amtsgericht Hart

Staatsanwalt Bitter als Beamter (auch **Vertreter) der Staatsanwaltschaft**

Rechtsanwalt Eilig als Verteidiger

Justizangestellte Tipp als Urkundsbeamtin der Geschäftsstelle

für Recht erkannt:

Ⓟ Bezeichnung des Gerichts
Ⓟ Sitzung oder Hauptverhandlung
Ⓟ Angabe der Verhandlungstage
Ⓟ Bezeichnung der teilnehmenden Personen

Ⓟ Bezeichnung des Gerichts
Präzise Bezeichnung des entscheidenden Gerichts:

hat das Amtsgericht – Schöffengericht – Neustadt
hat das Landgericht Neustadt – große Strafkammer –
hat das Landgericht Neustadt – große Strafkammer als Schwurgericht –

Ⓟ Sitzung oder Hauptverhandlung
Beachten Sie hier lokale Besonderheiten:
Meist wird wg. § 275 III StPO geschrieben „**in der Sitzung**“.
Z.B. in Hessen aber üblich: „**aufgrund der Hauptverhandlung**“
und z.B. in Baden-Württemberg „**in der Hauptverhandlung**“.

Ⓟ Angabe der Verhandlungstage
Bei mehreren Sitzungstagen sind alle aufzuführen. (MG/S, § 275 Rn 25)

Ⓟ Bezeichnung der teilnehmenden Personen

Die Reihenfolge der Aufzählung ergibt sich aus § 275 III StPO. Sollte es einen **Nebenkläger** geben, sind dieser und sein Anwalt vor dem Urkundsbeamten zu nennen.

Richter:
Vorsitzender Richter am LG Schmidt als Vorsitzender
Richterin am LG Scholz und Richter am LG Hahn als beisitzende Richter (auch möglich: **Beisitzer)**

Schöffen (Angabe des Berufs und des Vornamens ist üblich):
der Schlosser Peter Klein und die Innenarchitektin Erika Groß als Schöffen

Vertreter der Staatsanwaltschaft:
Oberstaatsanwalt Kalt als Vertreter (auch möglich: **Beamter**) **der Staatsanwaltschaft**

Bei Mitwirkung mehrerer StA: Alle aufführen.

Verteidiger (klare Zuordnung bei mehreren Angeklagten; keine Bezeichnung als Wahl- oder Pflichtverteidiger, MG/S, § 275 Rn 26):
Rechtsanwalt Heiss als Verteidiger des Angeklagten Heinze
Rechtsanwältin Hauser als Verteidigerin der Angeklagten Kropp

Bei Mitwirkung mehrerer Verteidiger: alle aufführen.

Urkundsbeamter:
Justizangestellte (oder: **Justizsekretärin**) **Hack als Urkundsbeamtin der Geschäftsstelle**

Bei Wechsel des Urkundsbeamten: Nur bei Verkündung des Urteils anwesenden Urkundsbeamten aufführen (MG/S, § 275 Rn 26).

URTEILSFORMEL / TENOR – GRUNDLAGEN

Der Angeklagte A wird wegen Wohnungseinbruchsdiebstahls zu einer Freiheits-/ Geldstrafe von (...) verurteilt.
Der Angeklagte trägt die Kosten des Verfahrens.

Der Angeklagte A hat sich eines Wohnungseinbruchsdiebstahls schuldig gemacht. (Oder: ... **ist eines Wohnungseinbruchsdiebstahls schuldig.**) **Er wird deshalb zu (...) verurteilt.**
Der Angeklagte trägt die Kosten des Verfahrens.

Die Angeklagten A und B haben sich eines Wohnungseinbruchsdiebstahls schuldig gemacht.
Es werden deshalb verurteilt, der Angeklagte A zu (...) und der Angeklagte B zu (...).
Die Angeklagten tragen die Kosten des Verfahrens.

Ⓟ Allgemeine Regeln
Ⓟ Tenor in einem Satz oder separater Rechtsfolgenausspruch?
Ⓟ Vier Grundfälle beim Schuldspruch
Ⓟ Teilfreispruch
Ⓟ Kostenentscheidung

Ⓟ Allgemeine Regeln

Der **Tenor** bzw. die **Urteilsformel** ist der wichtigste Teil des Urteils. Mit ihm erfolgt der Ausspruch des Gerichts, welcher über die Schuld oder Unschuld des Angeklagten und über die Rechtsfolgen entscheidet, mithin über den Umfang der Rechtskraft des Urteils. Der Tenor wird vollstreckt.
Gem. § 260 IV StPO ist in den Tenor die „rechtliche Bezeichnung der Tat" aufzunehmen. Dies soll die **gesetzliche Überschrift** sein.
Im Fall des § 244 bedeutet dies, dass nur der konkret einschlägige Fall (z.B. „Wohnungseinbruchsdiebstahl") in den Tenor aufzunehmen ist.

Nicht angegeben werden:

- „Vergehen" oder „Verbrechen"
- Täterschaftsformen (weder Allein-, noch mittelbare Täterschaft, noch Mittäterschaft [also auch nicht das verbreitet verwendete „gemeinschaftlich", explizit BGH, NJW 1978, 229, 230; vgl. MG/S, § 260 Rn 24])
- Begehung durch ein Unterlassen
- besonders / minder schwere Fälle (also nicht die Regelbeispiele; Ausnahme insoweit die Vergewaltigung, weil diese in § 177 II StGB eine eigene „Bezeichnung" erhalten hat)
- verminderte Schuldfähigkeit, § 21 StGB
- Geringwertigkeit gem. § 248a StGB

Angegeben werden aber:

- Teilnahmeformen („**wegen Anstiftung/Beihilfe zum Betrug**")
- Versuch („**wegen versuchten Diebstahls**")
- **Vorsatz oder Fahrlässigkeit**, wenn unter der gleichen Überschrift sowohl Vorsatz- als auch Fahrlässigkeitsdelikte aufgeführt sind. Dies ist vor allem bei den Straßenverkehrsdelikten der Fall, also §§ 315b, 315c, 316 StGB, und bei § 323a StGB. Also heißt es dann bei § 315c I StGB: „wegen **vorsätzlicher** Gefährdung des Straßenverkehrs", bei § 315c III Nr. 2 StGB: „wegen **fahrlässiger** Gefährdung des Straßenverkehrs" und bei § 315c III Nr. 1 StGB wegen § 11 II StGB: „wegen **vorsätzlicher** Gefährdung des Straßenverkehrs" Bei § 223 I StGB wird nicht geschrieben „wegen vorsätzlicher Körperverletzung", sondern nur „Körperverletzung", weil die Überschrift insoweit von § 229 StGB abweicht (explizit BGH, 2 StR 133/02).

Merke: Sofern kein ganz einfacher Fall der Mittäterschaft vorliegt, sollten **unterschiedliche Angeklagte getrennt voneinander tenoriert** werden.

Ⓟ Tenor in einem Satz oder separater Rechtsfolgenausspruch?
Unterschiedlich wird die Frage gehandhabt, wie der Schuldspruch und der Rechtsfolgenausspruch zu fassen sind.

1. Möglichkeit: Ein-Satz-Tenor
In einfachen Fällen bietet sich an zu schreiben:

> **Der Angeklagte A wird wegen Wohnungseinbruchsdiebstahls zu einer Freiheits-/Geldstrafe von (...) verurteilt.**

2. Möglichkeit: Zwei-Satz-Tenor mit separatem Rechtsfolgenausspruch
In gleicher Weise möglich ist:

> **Der Angeklagte A hat sich eines Wohnungseinbruchsdiebstahls schuldig gemacht.** (Oder: ... **ist eines Wohnungseinbruchsdiebstahls schuldig.**) **Er wird deshalb zu (...) verurteilt.**

Letztere Formulierungsform findet sich grundsätzlich z.B. in Baden-Württemberg und Bayern. Ebenso aber auch im übrigen Bundesgebiet verbreitet bei komplexeren Tenorierungen, in Jugendsachen und bei Mittäterschaft. In **Jugendsachen** ist dies häufig schon dem Umstand geschuldet, dass hier häufig nicht „verurteilt", sondern z.B. „auferlegt" wird.

Bei Mittäterschaft also:

> **Die Angeklagten A und B haben sich eines Wohnungseinbruchsdiebstahls schuldig gemacht.**
> **Es werden deshalb verurteilt, der Angeklagte A zu (...) und der Angeklagte B zu (...).**

Ⓟ Vier Grundfälle beim Schuldspruch

1. gleichartige Tatmehrheit

Der Angeklagte T wird wegen drei Sachbeschädigungen zu einer Gesamtgeldstrafe von (...) verurteilt.

Oder: „**Sachbeschädigung in drei Fällen**"

2. ungleichartige Tatmehrheit

Der Angeklagte T wird wegen Körperverletzung und Sachbeschädigung zu einer Gesamtgeldstrafe von (...) verurteilt.

Oder: „**sowie**" (unüblich: „in Tatmehrheit mit")

Merke: Die Einzelstrafen stehen nicht im Tenor!

3. gleichartige Tateinheit

Der Angeklagte T wird wegen tateinheitlich begangenen dreifachen Mordes zu (...) verurteilt.

(NICHT: wg. Mordes in drei Fällen, das wäre Tatmehrheit!)

4. ungleichartige Tateinheit

Der Angeklagte T wird wegen Betruges in Tateinheit mit Urkundenfälschung in Tateinheit mit (oder: „**und mit**") **Urkundenunterdrückung zu (...) verurteilt.**

Achtung: Nicht bloß „und", denn dies wäre Tatmehrheit; siehe unter 2.

Ⓟ Teilfreispruch

Der Angeklagte T wird wegen Untreue zu (...) verurteilt; im Übrigen wird der Angeklagte freigesprochen.

Der (Teil-)Freispruch enthält keine näheren Erläuterungen zur Straftat, von der freigesprochen wird oder gar zum Grund des Freispruchs (MG/S, § 260, Rn 17).

Ⓟ Kostenentscheidung

Jede das gerichtliche Verfahren beendende Entscheidung muss gleichzeitig bestimmen, von wem die Kosten des Verfahrens zu tragen sind (§ 464 I StPO).
Desgleichen trifft das Gericht in dem das Verfahren abschließenden Urteil oder Beschluss die Entscheidung darüber, wer die notwendigen Auslagen trägt (§ 464 II StPO). Das bedeutet aber nicht, dass jede Entscheidung auch einen Ausspruch über die notwendigen Auslagen enthalten muss.

§ 464 II StPO will nur sagen, dass die Entscheidung über die notwendigen Auslagen, falls eine solche zu treffen ist, im Urteil und nicht – wie früher – in einem gesonderten Beschluss ergehen muss (MG/S, § 464 Rn 10). Die StPO geht stillschweigend davon aus, dass jeder seine Auslagen (und natürlich alle, nicht nur die notwendigen Auslagen) selbst trägt. Nur wenn ein Beteiligter rechtlich verpflichtet ist, einem anderen seine Auslagen zu erstatten, kommt daher ein Ausspruch nach § 464 II StPO in Frage. Dabei wird der Erstattungsanspruch grundsätzlich auf die „notwendigen" Auslagen beschränkt.

Falsch ist also die bei einer Verurteilung in der Praxis häufig verwendete Formulierung: *„Der Angeklagte trägt die Kosten des Verfahrens sowie seine notwendigen Auslagen."* Dies zu tenorieren ist erstens überflüssig, wenn und weil es nach dem Gesetz selbstverständlich ist, wer die Auslagen zu tragen hat (MG/S, § 464 Rn 10). Es ist sogar missverständlich bis falsch, weil der verurteilte Angeklagte natürlich alle seine Auslagen zu tragen hat und nicht bloß seine notwendigen.

Richtig ist also gem. § 465 I StPO bei einem **Schuldspruch**:

Der Angeklagte trägt die Kosten des Verfahrens.

Eine Ausnahme besteht, wenn der Angeklagte gem. § 472 I 1 StPO die Kosten des **Nebenklägers** zu tragen hat:

Der Angeklagte trägt die Kosten des Verfahrens sowie die notwendigen Auslagen des Nebenklägers.

Kostenentscheidung bei Teilfreispruch:

Soweit der Angeklagte verurteilt wurde, werden ihm die Kosten des Verfahrens auferlegt; im Übrigen fallen die Kosten des Verfahrens und die notwendigen Auslagen des Angeklagten der Staatskasse zur Last.

Auch möglich:

Die Kosten des Verfahrens hat/haben der/die Angeklagte/n zu tragen, soweit er/sie verurteilt wurde/n. Im Übrigen trägt die Staatskasse die Kosten und die notwendigen Auslagen.

Der Ausspruch „im Übrigen" entspricht § 467 I StPO, muss aber auf den Umfang des Freispruchs beschränkt werden.

URTEILSFORMEL / TENOR – VERTIEFUNG

Ⓟ Bewährung

Dass eine **Freiheitsstrafe** nicht zur Bewährung ausgesetzt wird, ist der – nicht zu tenorierende – Normalfall.

Soll hingegen die Freiheitsstrafe zur Bewährung ausgesetzt werden, so muss dies explizit im Tenor ausgesprochen werden:

> **Die Vollstreckung dieser Strafe wird zur Bewährung ausgesetzt.**

Ⓟ Tenor zu Nebenstrafen

Merke: Nur zu tenorieren, wenn solche auch in den Gründen verhängt werden!

§§ 69, 69a StGB = Entziehung der Fahrerlaubnis z.B. wegen Trunkenheitsfahrt, Drogenkonsum im Straßenverkehr etc.:

> **Die Fahrerlaubnis wird entzogen und der Führerschein eingezogen. Die Verwaltungsbehörde wird angewiesen, dem Angeklagten vor dem Ablauf von ... Monaten/ Jahren** (Höhe kann in der Klausur offen bleiben) **keine neue Fahrerlaubnis zu erteilen.**

Auch möglich:

> **Dem Angeklagten wird die Fahrerlaubnis entzogen. Sein Führerschein wird eingezogen. Vor Ablauf von ... Monaten/Jahren darf die Verwaltungsbehörde ihm keine neue Fahrerlaubnis erteilen.**

Isolierte Sperre gem. § 69a I 3 StPO, wenn der Angeklagte keine Fahrerlaubnis hat: Aus dem obigen Texten jeweils nur den letzten Satz verwenden.

§ 44 StGB = Fahrverbot:

> **Es wird ein Fahrverbot von (...) Monaten angeordnet.**

§ 74 StGB = Einziehung:

> **Der (sichergestellte) Hammer der Marke** (genaue Bezeichnung – falls möglich – nötig, wegen Bestimmtheit, da Enteignung! Bei Autos nicht Kennzeichen, sondern Fahrgestellnummer angeben!) **wird eingezogen.**

Ⓟ Voraussetzungen für einen Teilfreispruch

Für die Frage, ob hinsichtlich eines nicht erwiesenen Tatvorwurfs freizusprechen ist nicht der prozess- sondern der materiell-rechtliche Tatbegriff maßgebend: Ein Angeklagter, der nicht wegen aller Delikte verurteilt wird, die er der Anklage zufolge in Tatmehrheit begangen haben soll, ist insoweit freizusprechen, um Anklage und Eröffnungsbeschluss auszuschöpfen. Denn der Prozessgegenstand wird durch die in dem Eröffnungsbeschluss unverändert zugelassene Anklage bestimmt. Diesen Prozessgegenstand muss der Urteilsspruch erschöpfend erledigen. Ob das der Fall ist, beurteilt sich durch einen Vergleich der Urteilsformel mit der zugelassenen Anklage. Wird sie durch die Verurteilung nicht ausgeschöpft, muss Teilfreispruch erfolgen. Dies gilt auch dann, wenn die selbstständigen Taten zu einer Tat im verfahrensrechtlichen Sinne gehören (MG/S, § 260, Rn 9 ff.).

Kann also z.B. bei einer Anklage wegen Brandstiftung in Tatmehrheit mit versuchtem Betrug zum Nachteil der Versicherung die Schadensmeldung nicht nachgewiesen werden, muss – auch wenn es sich um die gleiche prozessuale Tat handelt – ein Teilfreispruch erfolgen.

Ⓟ Nachträgliche Gesamtstrafenbildung

Häufig hängt es vom Zufall ab, ob mehrere realkonkurrierende Straftaten in einem Verfahren mit einer Gesamtstrafe nach §§ 53, 54 StGB oder diese mehreren Straftaten in verschiedenen Verfahren mit Einzelstrafen abgeurteilt werden. Damit der Beschuldigte, der durch ein Versäumnis der Strafjustiz in verschiedenen Verfahren abgeurteilt wurde, weder schlechter noch besser steht, als wenn alle Taten in einem Verfahren abgeurteilt worden wären, schreibt § 55 StGB vor, dass bei getrennten Verfahren der Richter des späteren Verfahrens im Urteil eine Gesamtstrafe mit den in früheren Verfahren rechtskräftig verhängten, aber noch nicht erledigten Strafen nachträglich bilden muss.

Eine nachträgliche Gesamtstrafenbildung hat somit **drei Voraussetzungen**:

- Die jetzt abzuurteilende Tat muss vor der früheren Verurteilung durch ein deutsches Gericht begangen worden sein;
- Rechtskraft der früheren Verurteilung;
- die frühere Strafe darf sich noch nicht vollständig erledigt haben.

Ein rechtskräftiges Urteil entfaltet insoweit die sog. **Zäsurwirkung**.

BEISPIEL: X begeht die erste Tat (einen Betrug) am 1. Februar, die zweite Tat am 20. Februar. Er wird wegen der ersten Tat am 1. Juli zu einer Freiheitsstrafe verurteilt. Erst nach Rechtskraft ergeht ein Urteil wegen der zweiten Tat, einem Diebstahl.

Der Angeklagte A wird wegen Diebstahls unter Einbeziehung der Strafe aus dem Urteil des Amtsgerichts XY vom … (Entscheidungsdatum) (Az.: ...) zu einer Gesamtfreiheitsstrafe von (...) verurteilt.

Auf keinen Fall darf also wegen „Betrugs und Diebstahls“ verurteilt werden. Dies würde das Gebot „ne bis in idem“ (Verbot der Doppelbestrafung) verletzen! Die Verurteilung wegen Betrugs ist rechtskräftig.

Ist in der Vorverurteilung eine Gesamtstrafe verhängt worden, so muss diese nunmehr aufgelöst werden:

Der Angeklagte wird wegen Diebstahls unter Einbeziehung der mit Urteil des ... (Gericht) vom ... (Entscheidungsdatum) (Az.: ...) verhängten Einzelstrafen – unter Auflösung der dort gebildeten Gesamtstrafe – zu einer Gesamt(freiheits-/geld-) strafe von ... verurteilt.

Ⓟ Einstellung

Eine mögliche Einstellung des Verfahrens hat in der Vergangenheit in Klausuren noch nie das gesamte Verfahren betroffen. Allerdings gab es bereits Klausuren mit einer Teileinstellung. Die obigen Ausführungen zum Teilfreispruch gelten entsprechend auch für die Teil Einstellung: Maßgebend ist der materielle Tatbegriff gemäß § 53 StGB und nicht der Begriff der prozessualen Tat. Als Verfahrenshindernis gemäß § 260 III StPO haben Klausurrelevanz v.a. der fehlende Strafantrag, der teilweise Verbrauch der Strafklage und die bei einer Tat noch fehlende Strafmündigkeit. Der Tenor bildet sich parallel zum Teilfreispruch:

Der Angeklagte wird wegen Betrugs zu (...) verurteilt. Im Übrigen wird das Verfahren eingestellt. Der Angeklagte trägt die Kosten des Verfahrens, soweit er verurteilt ist; soweit das Verfahren eingestellt ist, trägt die Staatskasse die Kosten des Verfahrens sowie die notwendigen Auslagen des Angeklagten.

Möglich wäre schließlich auch eine **Kombination** von Schuldspruch und Teilfreispruch und Teileinstellung. In diesem Fall würde der Tenor wie folgt lauten:

Der Angeklagte wird wegen Betrugs zu (...) verurteilt.
Wegen der ihm zur Last gelegten Untreue vom (...) wird das Verfahren eingestellt.
Im Übrigen wird der Angeklagte freigesprochen.
Der Angeklagte trägt die Kosten des Verfahrens, soweit er verurteilt ist; soweit das Verfahren eingestellt und er freigesprochen ist, trägt die Staatskasse die Kosten des Verfahrens sowie die notwendigen Auslagen des Angeklagten.

ANGEWENDETE STRAFVORSCHRIFTEN

Angewendete Vorschriften: §§ 263 Abs. 1, 2 und 3 S. 2 Nr. 5, 265 Abs. 1, 303 Abs. 1, 306 Abs. 1 Nr. 1 und 3, 306a Abs. 1, 306b Abs. 2 Nr. 2, 22, 52 Abs. 1, § 53 Abs. 1 StGB.
oder
Angewendete Vorschriften:
Für den Angeklagten A.: §§ ...
Für den Angeklagten B.: §§ ...

Nach der Urteilsformel sind gem. § 260 V 1 StPO die angewendeten Vorschriften nach Paragraph, Absatz, Nummer, Buchstabe und mit der Bezeichnung des Gesetzes aufzuführen. Zuerst werden bei einer Verurteilung die Straftatbestände (numerisch aufsteigend) aufgeführt, die der rechtlichen Beurteilung der Tat zugrunde liegen, also die Normen des BT. Danach folgen aus dem AT die den Schuldspruch qualifizierenden Bestimmungen und die Vorschriften, die die Art des Verschuldens, der Beteiligung und besondere Arten der Tatbestandsverwirklichung kennzeichnen, ferner die Angabe des Konkurrenzverhältnisses. Dazu gehören auch die Regelungen der Nebenfolgen etc., jedoch nicht die der Kostenfolgen. Mitaufzunehmen sind stattdessen auch die Strafschärfungs- und Milderungsvorschriften.

Merke: „BT“ aufsteigend, „AT“ aufsteigend, Nebengesetze.

Aufgeführt werden also auch:

- §§ 22, 25 Abs. 2, 26, 27, 30 StGB (Begehungs- und Beteiligungsform)
- §§ 13 Abs. 2, 17 S. 2, 21, 23 Abs. 2, 49 I StGB (Schärfungen- und Milderungen)
- §§ 52, 53 (Konkurrenzvorschriften)
- § 56 StGB (Bewährung)
- §§ 44, 45, 165, 200 StGB (Nebenstrafen und Nebenfolgen)
- §§ 61, 63 ff. StGB (Maßregeln der Besserung und Sicherung)
- §§ 73 ff. StGB (sonstige Maßnahmen)

Bei der Verurteilung mehrerer Angeklagter muss diese Liste für jeden einzelnen gesondert aufgestellt werden. Aufgrund dieser Liste erfolgt später die Mitteilung an das Bundeszentralregister (BZR).

DIE URTEILSGRÜNDE (SCHULDSPRUCH)

Merke: Ein Strafurteil muss nicht umfangreich sein. Fassen Sie sich kurz!
Die persönlichen Verhältnisse entnehmen Sie aus dem Protokoll der Hauptverhandlung.
Die Schilderung des Sachverhalts sollte auf das Wesentliche beschränkt werden und kann meist in weiten Teilen aus der Anklage „abgeschrieben" werden.

Ein Strafurteil hat keine Überschriften, mit Ausnahme der Überschrift „Gründe". Die nachfolgenden Teile eines Urteils werden nur mit zentrierten römischen Ziffern untergliedert. Arabische Ziffern sollten nur bei verschiedenen Angeklagten und verschiedenen Taten verwendet werden. Eine Verurteilung wird daher wie folgt untergliedert:

I.
(Persönliche Verhältnisse)
II.
(Sachverhaltsschilderung)
III.
(Beweiswürdigung)
IV.
(Rechtliche Würdigung)
V.
(Strafzumessung)
VI.
(Kostenentscheidung)

I. Die persönlichen Verhältnisse

Gründe:

I.

1. **Der Angeklagte Berthold Stahl ist in geordneten häuslichen Verhältnissen zusammen mit seinem zwei Jahre jüngeren Bruder aufgewachsen. Sein Vater ist Elektriker, die Mutter arbeitet als Sprechstundenhilfe. Nach Abschluss der Realschule erlernte der Angeklagte den Beruf eines Malers in welchem er bis heute tätig ist. Er erzielt ein monatliches Nettoeinkommen in Höhe von ... €. Er ist ledig und hat keine Kinder. Er ist nicht vorbestraft.**

2. **Der Angeklagte Rüdiger Stahl ...**

Die Darstellung der persönlichen Verhältnisse sollte relativ kurz zusammengefasst werden (MG/S, § 267 Rn 4). Sie erfolgt im Präsens (für vergangene Tatsachen im Imperfekt). Es ist dabei der Lebenslauf des Angeklagten kurz chronologisch darzustellen. Dabei muss alles, was für das Maß der Schuld oder die Strafzumessung von Bedeutung ist, geschildert werden. Die Umstände sind aus dem Inbegriff der Hauptverhandlung zu entnehmen, § 261 StPO, d.h., in der Klausur allein aus dem beigefügten Protokoll der Hauptverhandlung (und keinesfalls aus der Anklage!). Sie sollen letztendlich Rückschlüsse auf die Anlage, Entwicklung, Persönlichkeit und Umwelt des Angeklagten zulassen. Anzugeben sind daher:

- Geburtsort und Elternhaus
- Schulbildung und beruflicher Werdegang
- Gegenwärtige persönliche, familiäre und wirtschaftliche Verhältnisse (z.B. Familienstand, Einkommen, Krankheiten, sofern diese für den Tatvorwurf Relevanz haben)
- **Vorstrafen** unter Benennung von Gericht, Tag der Verurteilung mit Aktenzeichen, Bewährungszeiten und Verbüßung; ist die Vorstrafe rechtskräftig, ist auch dies mitzuteilen. Nicht zu verwenden ist die Formulierung „strafrechtlich in Erscheinung getreten"; entscheidend ist alleine der sich aus § 32 II BZRG ergebende Begriff der Vorstrafe.

Merke: Die im Hauptverhandlungsprotokoll enthaltenen Angaben sind in der Klausur i.d.R. vollständig zu übernehmen. Unwahrscheinlich ist, dass gem. § 51 I BZRG tilgungsreife und somit unverwertbare Vorstrafen aufgeführt sind. Falls der Angeklagte nicht vorbestraft ist, so muss dies ebenfalls kurz vermerkt werden.

Durch rechtskräftige Entscheidung des Amtsgerichts Neustadt vom (Datum und Az) wurde er wegen Betrugs zu einer zur Bewährung ausgesetzten Freiheitsstrafe von einem Jahr verurteilt.

II. Die Schilderung des Sachverhalts

II.

Am (Datum) begaben sich die Angeklagten gegen 17.30 Uhr in die Geschäftsräume der K.-GmbH in N. Dort entwendeten sie vier HP-Druckerpatronen und zehn Intenso USB-Sticks im Gesamtwert von etwa 340,00 EUR, indem der Angeklagte B.S. die Druckerpatronen in seinem vorderen Hosenbund, und der Angeklagte R.S. die USB-Sticks in seine Jackenärmel steckte. Anschließend verließen sie den Einkaufsmarkt, um die Ware ohne Bezahlung für sich zu behalten und um diese später unter einander hälftig aufzuteilen.

Ⓟ Allgemeine Grundsätze und Verhältnis zur Anklage
Ⓟ Bezeichnung der Personen
Ⓟ Trennung von Sachverhaltsschilderung und Beweiswürdigung
Ⓟ Feststellungen zum Tathergang, § 267 I 1 StPO
Ⓟ Feststellungen nach § 267 I 2 StPO
Ⓟ Feststellungen nach § 267 II StPO
Ⓟ Feststellungen nach § 267 III StPO
Ⓟ Rückrechnung bei Alkoholisierung

Ⓟ Allgemeine Grundsätze und Verhältnis zur Anklage

Gem. § 267 I 1 StPO müssen die „Urteilsgründe die für erwiesen erachteten Tatsachen angeben, in denen die gesetzlichen Merkmale der Straftat gefunden werden". Somit müssen alle Tatsachen angegeben werden, die erforderlich sind, um die in der Urteilsformel enthaltene rechtliche Würdigung zu rechtfertigen und zwar so, wie das Gericht den Sachverhalt nach der Beweisaufnahme (§ 261 StPO) als erwiesen ansieht. Dieser ist dabei aus der Sicht eines „allwissenden Erzählers", der sich auch in einen Beteiligten hineinversetzen kann, in der Vergangenheitsform (**Imperfekt**) darzustellen. Daher darf die Sachverhaltsschilderung nicht (nur) allgemeine Formeln und Wendungen enthalten, vor allem ist die bloße Wiederholung des Gesetzestextes nicht ausreichend. Die Feststellungen sollen kurz, klar und bestimmt sein, alles Unwesentliche weglassen und eine geschlossene Darstellung (aus einem Guss) sein. Somit dürfen sie auch nicht lückenhaft sein, insbesondere dürfen die als erwiesen erachteten Tatsachen nicht etwa auf die einzelnen Teile der Urteilsgründe verstreut sein.

KLAUSURHINWEIS

Im Bearbeitervermerk einer Urteilsklausur wird stets darauf hingewiesen, dass **rechtliche Hinweise gem. § 265 StPO** als erteilt zu unterstellen sind. Niemals zu unterstellen ist eine Nachtragsanklage gem. § 266 StPO!
Schon deshalb ist in der Klausur der **konkrete Anklagesatz aus der Anklageschrift** eine gute Basis für die Feststellungen. Er kann in weiten Teilen abgeschrieben werden und muss dann „nur" im Rahmen des § 265 StPO so abgewandelt werden, dass sich das Ergebnis der Beweisaufnahme und Ihrer Beweiswürdigung wiederspiegelt.

Merke: Nötig ist eine prägnante Zusammenfassung, die aber so vollständig ist, dass der Rechtskundige in den konkreten Tatsachen den abstrakten Tatbestand erkennt (MG/S, § 267 Rn 5).

Ⓟ Bezeichnung der Personen

Bei der Bezeichnung der Person sollte der Angeklagte stets auch *„Angeklagter"* genannt werden; bei mehreren Angeklagten ist dann der konkrete Name hinzuzusetzen. Zur Frage, ob man schreibt *„Zeuge Müller"* oder *„der Geschädigte Müller"* oder einfach nur *„Anton Müller"* gibt es keine festen Regeln. Die Person stets mit *„Zeugen"* zu titulieren, ist verfahrensrechtlich bedenklich, denn in dem Zeitpunkt, in dem der *„Zeuge"* seine Beobachtungen machte, war er nämlich noch nicht Zeuge. Außerdem hat die Bezeichnung zur Folge, dass es in den Feststellungen vieler Urteilsklausuren oftmals von „Zeugen" nur so wimmelt, ohne das mitgeteilt wird, welche Aufgabe diese Person im Leben oder Geschehen erfüllen. Lesbarer und instruktiver ist es daher, den jeweiligen Beteiligten z.B. mit seinem Beruf zu bezeichnen (wie etwa: *„der Kellner K, der Wirt W, der Krankenpfleger K"*). Dies ist vor allem dann sinnvoll, wenn es auf die soziale Rolle des Zeugen ankommt. So kann es für die Frage, ob der Fahrer Vorsatz bzgl. seiner Fahruntüchtigkeit hatte, wichtig sein, wer ihm in der Kneipe gesagt hat, dass er besser nicht mehr fahren soll. War dies z.B. der Wirt als „Respektsperson" kann dies für die Beweiswürdigung eine Rolle spielen.

Ⓟ Trennung von Sachverhaltsschilderung und Beweiswürdigung

Besonders ist darauf zu achten, dass zum einen die Sachverhaltsschilderung nicht mit der Beweiswürdigung verschwimmt. So gehören Formulierungen wie *„Der Angeklagte räumt ein er habe ..."* oder *„Die Zeugen haben bekundet, dass ..."* nicht in die Sachverhaltsschilderung, zumal sie Zweifel aufkommen lassen, ob das Gericht auch von dem Sachverhalt überzeugt ist.

Ⓟ Feststellungen zum Tathergang, § 267 I 1 StPO

Erforderlich ist eine Darstellung aller Tatsachen, die sowohl die äußere Tatseite (= objektive Tatbestandsmerkmale) als auch die innere Tatseite (= subjektive Tatbestandsmerkmale) betreffen. Die Verwendung des bloßen Gesetzeswortlautes ist daher nicht erlaubt. Es dürfen folglich auch **keine Fachbegriffe** auftauchen, wie *„Der Angeklagte nahm ... weg ..."*, da dies zu den materiell-rechtlichen Ausführungen gehört. Vielmehr sind neutrale Formulierungen wie *„Der Angeklagte steckte das ... sodann in seine Tasche"* zu wählen. Häufig ergibt sich der innere Tatbestand aus dem äußeren Hergang der Tat selbst, so dass es keiner besonderen Ausführungen dazu bedarf (MG/S, § 267 Rn 7).

Der Angeklagte nahm sein leeres Bierglas und schlug dies dem (Zeugen) B auf den Kopf.

Der Angeklagte nahm dem Kellner K den Geldbeutel aus der Hosentasche, verließ die Gaststätte und verbrauchte das in dem Geldbeutel enthaltene Geld wie von Anfang an geplant in den nächsten Tagen für sich.

Verlangt das Gesetz, dass der Angeklagte mit **dolus directus** ersten oder zweiten Grades gehandelt haben muss, so sind – außer in evidenten Fällen – grds. Angaben zum Wollen (voluntatives Element) und zum Wissen (kognitives Element) erforderlich.

Bei den Feststellungen von **Eventualvorsatz** (sog. dolus eventualis) ist aufgrund der Nähe zur **bewussten Fahrlässigkeit** besondere Sorgfalt geboten. So genügt nicht die Angabe, der Angeklagte habe auf die Gefahr eines bestimmten Erfolges hin gehandelt. Vielmehr muss konkret festgestellt werden, dass er den als möglich und nicht ganz fernliegend erkannten Erfolg im Voraus gebilligt und in seinen Willen aufgenommen hat.

Merke: Mit der Wendung *„hätte erkennen / wissen / bedenken / etc. müssen"*, kann kein Vorsatz begründet werden, denn dies spricht gerade dafür, eine Überlegung nicht vorgenommen zu haben, mithin fahrlässig gehandelt zu haben.

Es bedarf im Zweifel präziser Schilderungen objektiver Tatumstände, aus denen sich später Rückschlüsse auf das „Wissen und Wollen" ziehen lassen.

BEISPIEL ALKOHOL: Anzahl der Getränke; sich bereits vor der Fahrt zeigende Ausfallerscheinungen; versuche anderer (gerade auch des Wirtes), den Angeklagten zu überreden, nicht zu fahren; Promillezahl

BEISPIEL TÖTUNG: Präzise Schilderung besonders brutaler oder gefährlicher Vorgehensweisen; Ausrufe wie: *„Ich mache Dich alle!"*; Motivationslagen, die einen Tod des Opfers als gewünscht oder vorteilhaft erscheinen lassen.

Gerade auch bei Tötungsdelikten verlangt der BGH aufgrund einer natürlichen Hemmung eines Menschen zum Töten (sog. **Hemmschwellentheorie**) mit seiner **Billigungstheorie** besondere Ausführungen zum voluntativen Element, aus denen sich ergibt, dass der Angeklagte den Tod des Opfers wirklich in Kauf genommen hat.

Ihm war bewusst, dass ...
Der Angeklagte wollte erreichen, dass ...
Hierbei nahm der Angeklagte in Kauf, dass ...
Hierbei kam es dem Angeklagte darauf an, dass ...

Scheidet aufgrund des Irrtums (§ 16 I StGB) eine Verurteilung wegen einer Vorsatztat aus, kommt jedoch ein Fahrlässigkeitsdelikt in Betracht, so sind die weiteren Umstände zu schildern, die zu dem Irrtum führten. Bei der Frage nach einem Verbotsirrtum gem. § 17 StGB müssen die Feststellungen erkennen lassen, welche Vorstellungen sich der Angeklagte über das Unrecht der Tat machte und wie er sich bemüht hat, diesen Irrtum zu vermeiden.

Ⓟ Feststellungen nach § 267 I 2 StPO

Nach § 267 I 2 StPO **sollen** auch **Beweisanzeichen** oder Untertatsachen (sog. **Indizien**) angegeben werden. Bei einem Indizienbeweis wird der Beweis nicht unmittelbar, sondern mittelbar – durch eine Kette von Umständen, die in ihrem inneren Zusammenhang sichere Schlüsse auf die Schuld des Angeklagten zulassen – geführt. Es wird also von Unter- oder auch Hilfstatsachen auf das Vorliegen der Haupttatsache geschlossen. Besonders zu beachten ist dabei, dass an dieser Stelle keine Beweiswürdigung erfolgt, sondern nur die angenommenen Tatsachen dargelegt werden.

Merke: Als typische Indiztatsachen sollten vor allem Umstände wie ein polizeiliches Geständnis, das Auffinden der Tatwaffe beim Angeklagten, der Umfang der Tatbeteiligung und der eigene Grad des Interesses am Erfolg für den Nachweis des Täterwillens, die tatortnahe Festnahme etc. dargestellt werden. (Viele Klausuren enthalten hierzu keine Ausführungen, was von fast allen Korrektoren als Fehler angestrichen wird.)

KLAUSURHINWEIS

Indiztatsachen müssen nicht zusammen mit den Feststellungen geschildert werden. Sie können auch i.R.d. **Beweiswürdigung** festgestellt und belegt werden. Nach BGH ist dies zwar nicht zwingend, im Interesse der Verständlichkeit des Urteils aber jedenfalls dann dringend angezeigt, wenn sich die Überzeugung des Gerichts auf eine Vielzahl von Indizien gründet, da so eine umfangreiche, das eigentliche Tatgeschehen in den Hintergrund drängende Darstellung von zuerst mehr oder minder belanglos erscheinenden Umständen vermieden wird (BGH, 3 StR 490/08; 3 StR 427/01). Für die Klausur gilt, dass **Doppelungen** auf jeden Fall vermieden werden sollten, weil diese wertvolle Zeit kosten. Insoweit bietet es sich an, z.B. das Auffinden der Tatwaffe beim Angeklagten erst in der **Beweiswürdigung** zu schildern. Dies hat zudem den Vorteil, dass dann an der gleichen Stelle des Urteils gleich Fragen der Verwertbarkeit des Beweismittels geklärt werden können.

Ⓟ Feststellungen nach § 267 II StPO

„Vom Strafgesetz besonders vorgesehene Umstände“ sind identisch mit den in § 263 II StPO genannten Umständen. Nach § 267 II StPO müssen diese Umstände nur festgestellt werden, wenn sie in der Verhandlung behauptet wurden (sei es durch den Angeklagten, seine Verteidigung oder durch die Staatsanwaltschaft).

Merke: Der Sachverhalt muss diejenigen Schilderungen enthalten, welche z.B. für die Subsumtion eines Rechtfertigungsgrundes notwendig sind.

Vom Gesetz besonders vorgesehene Umstände sind dabei:

- **Strafausschließungsgründe**
  - Rechtfertigungsgründe (z.B. §§ 32, 34 StGB)
  - Schuldausschließungsgründe (z.B. §§ 19, 20 StGB, 3 JGG)
  - Besondere Strafausschließungsgründe (z.B. §§ 257 III, 258 V, VI StGB)
  - Strafaufhebungsgründe (z.B. §§ 24, 306 e StGB)

Merke: Ist der Angeklagte Jugendlicher, so muss das Urteil Feststellungen über die Reife des Jugendlichen enthalten, auch wenn die Unreife in der Verhandlung nicht ausdrücklich behauptet worden ist.

- **Verminderung der Strafbarkeit**

Umstände, welche die Strafbarkeit vermindern, sind vor allem die Vorschriften, die auf § 49 StGB verweisen (= vertypte Milderungsgründe z.B. §§ 21, 23 III 27 I, 28 I StGB), ferner die benannten minder schweren Fälle (z.B. § 213 StGB) und – nach h.M. – die Privilegierungstatbestände (z.B. § 248c IV StGB). Nicht dazu zählen die sog. unbenannten Strafmilderungsgründe, deren Zubilligung im pflichtgemäßen Ermessen des Richters liegt, und die allgemeinen Strafmilderungsgründe, die später im Rahmen des § 46 StGB beachtlich sind.

Merke: Es geht an dieser Stelle nicht um eine Strafzumessung, sondern nur um die Aufnahme der Tatsachen, die dafür später von Bedeutung sind.

- **Erhöhung der Strafbarkeit**

Umstände, die die Strafbarkeit erhöhen, sind vor allem Qualifikationstatbestände, jedoch nicht unbenannte Strafschärfungsgründe (z.B. § 212 II StGB) und auch nicht Regelbeispiele (z.B. § 243 I 2 StGB), da für diese § 267 III StPO gilt.

Ⓟ Feststellungen nach § 267 III StPO

In den Feststellungen müssen gem. § 267 III StPO auch alle Tatsachen dargestellt werden, die in irgendeiner Form für die Strafzumessung von Bedeutung sind. Somit müssen auch bereits alle Umstände mitgeteilt werden, die für die allgemeine Strafzumessung nach den Grundsätzen des § 46 StGB relevant sind (z.B. Motive, Nachtatverhalten, alle Auswirkungen der Tat für das Opfer, Besonderheiten der Tatausführung). Wird dem Angeklagten vorgehalten, dass er **Regelbeispiele** (z.B. § 243 I 2 StGB) verwirklicht haben soll, so sind die dazu notwendigen objektiven wie auch subjektiven Kriterien durch Tatsachen ebenso zu belegen.

Merke: Aufgrund der Ähnlichkeit der Regelbeispiele mit Tatbestandsmerkmalen ist bei den meisten auch die Bejahung eines sog. Quasi-Vorsatzes notwendig. Ein häufiger Klausurfehler ist es, dass dazu keine Feststellungen vorhanden sind.

Ⓟ Rückrechnung bei Alkoholisierung

Sofern die **Alkoholisierung des Täters** (egal ob für den Tatbestand oder die Schuld) eine Rolle spielt, ist darauf zu achten, ob eine Rückrechnung gefordert ist. Enthält das Aktenstück das Ergebnis einer Blutalkoholuntersuchung, so müssen alle für die **Rückrechnung** notwendigen Parameter (Trink-Ende, Tatzeit, Entnahmezeitpunkt und BAK laut Gutachten) im Sachverhalt angegeben werden.

Hier sind verschiedene Fälle zu unterscheiden.

1. §§ 20, 21 StGB ohne Trunkenheitsdelikte:

In diesem Fall müssen genannt werden der „BAK-Wert" zum Entnahmezeitpunkt und zur Tatzeit. (Die Berechnung selbst ist Frage der Beweiswürdigung.):

> **Der Angeklagte hatte zum Entnahmezeitpunkt eine BAK von (...) und zum Tatzeitpunkt eine BAK von (...) Promille. Aufgrund dessen war er in seiner Steuerungsfähigkeit** (und/oder Einsichtsfähigkeit bzw. eines von beiden!) **erheblich eingeschränkt.**

2. §§ 20, 21 StGB und Trunkenheitsdelikte

Merke: Nur bei Auswirkungen der Trunkenheit auf den Tatbestand und die Schuld benötigt man die Angabe einer „**BAK-Spanne**", da es einen Mindestwert auf Tatbestandsebene und einen Höchstwert auf Schuldebene gibt, so dass eine zwingende Differenzierung in den Feststellungen („von ... [Mindestwert für §§ 316, 315c StGB] ... bis zu ... [Maximalwert für § 21 StGB]") vorgenommen werden muss. Wenn man den Zeitpunkt des Trinkendes jedoch insoweit nicht kennt, kann dieser auch nicht in den Feststellungen angegeben werden. Zugleich darf die Rückrechnung – nach dem Grundsatz in dubio pro reo – allenfalls bis zur Festnahme (Tatzeit) vorgenommen werden.

1. Variante: Trinkende zeitlich unbekannt:

Der Angeklagte hatte zum Entnahmezeitpunkt eine BAK von (...) und zum Tatzeitpunkt eine BAK von (...) bis zu (...) Promille. Aufgrund dessen war er in seiner Steuerungsfähigkeit (und/oder Einsichtsfähigkeit bzw. nur eines von beiden!) **erheblich eingeschränkt. Dadurch wiederum war er in seiner Fahrtauglichkeit eingeschränkt, was er erkannte** (Vorsatz) **bzw. bei Einhaltung der im Verkehr erforderlichen Sorgfalt hätte erkennen können** (Fahrlässigkeit)**.**

2. Variante: Trinkende zeitlich bekannt:

Der Angeklagte hatte zum Entnahmezeitpunkt eine BAK von (...), wobei das Trinkende um (...) Uhr lag. Zum Tatzeitpunkt wiederum hatte er eine BAK von (...) bis zu (...) Promille. Aufgrund dessen war er in seiner Steuerungsfähigkeit (und/oder Einsichtsfähigkeit bzw. nur eines von beiden!) **erheblich eingeschränkt. Dadurch wiederum war er in seiner Fahrtauglichkeit eingeschränkt, was er erkannte** (Vorsatz) **bzw. bei Einhaltung der im Verkehr erforderlichen Sorgfalt hätte erkennen können** (Fahrlässigkeit)**.**

Merke: Die Umstände der Blutentnahme, die u.U. zu einem Beweisverwertungsverbot führen könnten und die Rückrechnung, sind bei der **Beweiswürdigung** anzusprechen.

Die eigentliche Subsumtion der Fahruntüchtigkeit oder des § 20 StGB (was dann ja zur a.l.i.c. oder zu § 323a StGB führt) erfolgt dann bei der **rechtlichen Würdigung**.
§ 21 StGB gehört in die **Strafzumessung**.

III. Die Beweiswürdigung

III.

Die Feststellungen zur Person ergeben sich aus den Angaben der Angeklagten. Die Feststellungen zur Sache ergeben sich aus den Einlassungen der Angeklagten, soweit ihnen gefolgt werden konnte, und den in der Hauptverhandlung erhobenen Beweisen.

Die Angeklagten haben die Tat gestanden. Die Geständnisse sind glaubhaft, weil sie sich mit der Schilderung der Tat durch den Zeugen Müller deckt, welcher die Angeklagten nach dem Verlassen des Ladenlokals beim Herausholen der Tatbeute aus der Kleidung beobachtet hat. (...)

Ⓟ Einleitungssatz in die Beweiswürdigung

Ⓟ Allgemeine Grundsätze und Regeln für die Klausur

Ⓟ Beginn mit der Einlassung des Angeklagten

Ⓟ Die eigentliche Beweiswürdigung

Ⓟ Der Indizienbeweis / sog. „Beweismosaik"

Ⓟ Beweisverwertungsverbote

Ⓟ Hilfsbeweisanträge

Ⓟ Rückrechnung bei Alkoholisierung

Ⓟ Einleitungssatz in die Beweiswürdigung

Häufig wird die Beweiswürdigung eingeleitet mit:

„Dieser Sachverhalt steht zur Überzeugung des Gerichts fest aufgrund der Einlassungen des Angeklagten, soweit ihnen gefolgt werden konnte, in Verbindung mit den Angaben der Zeugen ... und der verlesenen Urkunde ..."

Eine solche Aufzählung der Beweismittel ist eine Fehlerquelle und vor allem überflüssig (BGH, 3 StR 193/97), da sich aus dem Protokoll der Hauptverhandlung ergibt, welche Zeugen und Sachverständige vernommen wurden, welche Urkunden verlesen wurden und so weiter. Dies wird durch das Protokoll bewiesen (§ 274 StPO) und braucht deshalb nicht im Urteil wiedergegeben werden. Empfohlen wird daher eher folgender Einleitungssatz in die Beweiswürdigung:

Die Feststellungen zur Person ergeben sich aus den Angaben des Angeklagten. Die Feststellungen zur Sache ergeben sich aus der Einlassung des Angeklagten, soweit ihr gefolgt werden konnte, und den in der Hauptverhandlung erhobenen Beweisen.

Ⓟ Allgemeine Grundsätze und Regeln für die Klausur

Jedes Urteil muss eine Beweiswürdigung enthalten. Die Ausführungen zu diesem Punkt müssen in sich logisch, klar und frei von Lücken sein. Insbesondere müssen sie sich mit allen nahe liegenden Tatsachen und Umständen, die Schlüsse zugunsten oder zuungunsten des Angeklagten zulassen, auseinandersetzen. Es muss dargestellt werden, wie das Gericht seine Überzeugung von den als erwiesen erachteten Tatsachen gewonnen hat.

Sämtliche Tatbestandsmerkmale der zugrunde gelegten Straftatbestände müssen durch die Beweismittel bewiesen werden. Dabei müssen aber die in Betracht kommenden Tatbestandsmerkmale nicht im Einzelnen wiedergegeben bzw. abgearbeitet werden. Falsch (zumindest nicht praxistauglich) wäre also zu schreiben: *„Dass gegenüber dem Zeugen Gewalt angewendet wurde ergibt sich aus (...). Dass ihm das ihm gehörende Handy weggenommen wurde, beruht auf (...) usw.“* Vielmehr reicht die Darstellung bewiesener Geschehensabläufe aus, wodurch eine Mehrheit von Tatbestandsmerkmalen von bestimmten Beweismitteln abgedeckt werden kann.

Die Überzeugung von den Geschehnissen im Imbisslokal beruht auf den Angaben der Zeugin Hartwig, die (...).

Die Urteilsgründe dienen nicht dazu, den Inhalt der in der Hauptverhandlung erhobenen Beweise zu dokumentieren. Sie sollen das Ergebnis der Hauptverhandlung wiedergeben und die Nachprüfung der getroffenen Entscheidung ermöglichen. Die Beweiswürdigung setzt sich mit der Einlassung des Angeklagten auseinander, soweit diese von den für Schuld- und Rechtsfolgenausspruch wesentlichen Feststellungen abweicht. Hierzu sind Zeugenäußerungen, Urkunden u.ä. heranzuziehen, soweit deren Inhalt für die Überzeugungsbildung wesentlich ist. Deshalb ist es regelmäßig verfehlt, nach den tatsächlichen Feststellungen die Aussage der Zeugen der Reihe nach und in ihren Einzelheiten mitzuteilen (BGH, 3 StR 193/97).

Merke: Die bloße Wiedergabe von Zeugenaussagen in indirekter Rede ist an sich noch keine Würdigung dieser Beweismittel, sondern eine bloße – unzureichende – Beweisdokumentation (MG/S, § 267 Rn 12).

Ⓟ Beginn mit der Einlassung des Angeklagten

Begonnen werden sollte mit einer gedrängten und zusammenfassenden Wiedergabe der Einlassung des Angeklagten bzw. einer Mitteilung, dass er sich nicht zum Schuldvorwurf eingelassen hat. Fehlen diese Feststellungen in den Urteilsgründen, kann dies im Einzelfall den Bestand des Urteils gefährden (BGH, 2 StR 412/16). Falls der Angeklagte die Tat gestanden hat, so ist mitzuteilen, dass und wodurch dieses Geständnis bestätigt wurde, weil auch Geständnisse falsch sein können. Wird die Tat durch den Angeklagten ganz oder teilweise bestritten, so muss das Gericht mitteilen, was es von dem Bestreiten hält und muss darlegen ob bzw. inwieweit und vor allem wodurch es dieses Bestreiten i.S.d. getroffenen Feststellungen für widerlegt hält.

In welcher Zeitform die Einlassungen und Aussagen wiederzugeben sind, wird uneinheitlich beurteilt. Möglich sind Präsens („Der Angeklagte leugnet den Tatvorwurf.“) und – wie im Zivilrecht üblich – Perfekt („Der Angeklagte hat sich wie folgt eingelassen: ...“). Richtig dürfte eine Mischform sein: In der Regel ist im **Perfekt** zu schreiben. Nur **ausnahmsweise das Präsens** zu verwenden:

Der Angeklagte ist geständig. Er hat eingeräumt (...).

In jedem Fall sind die Äußerungen des Angeklagten und der Zeugen in **indirekter Rede** abzufassen: „Die Zeugin Hartwig hat bekundet, sie sei plötzlich von rechts hinten gestoßen worden."

Merke: Der **Angeklagte** „lässt sich ein", „bestreitet", „räumt ein", „gibt vor" oder „gesteht". Die **Zeugen** „sagen aus", „bekunden" oder „schildern".

Die folgenden Formulierungen sind absoluter Standard:

Der Angeklagte hat die Tat gestanden. Das Geständnis ist glaubhaft, weil es sich mit der Schilderung der Tat durch den geschädigten Zeugen Müller deckt.

Der Angeklagte ließ sich dahingehend ein, dass (...).

Der Angeklagte hat sich nicht zur Tat eingelassen. Er ist jedoch durch die Angaben des Tatopfers und des Zeugen Maier überführt. Der Verletzte Herr Schulte hat bekundet (...).

Der Angeklagte räumt ein, den Zeugen Maier niedergestochen zu haben. Er behauptet allerdings, dass dieser ihn zuerst angegriffen habe. Diese Einlassung ist durch die glaubhaften Aussagen des Zeugen Maier und des Kioskbetreibers Kling, der den Tathergang beobachtet hat, widerlegt (...).

Merke: Aus einem **Schweigen** des Angeklagten dürfen keine für ihn nachteiligen Folgerungen gezogen werden, da der Angeklagte das Recht zum Schweigen hat (vgl. §§ 136 I, 243 V 1 StPO). Lässt sich der Angeklagte jedoch nur teilweise ein und schweigt er zu anderen Bereichen des Schuldvorwurfs, so darf das Gericht aus diesem Aussageverhalten auch nachteilige Schlüsse ziehen. **Kein Teilschweigen** liegt allerdings im Falle eines pauschalen Bestreitens vor (z. B. „Ich bin unschuldig.") und ebenso wenig, wenn sich der Angeklagte nur zu einem von mehreren Tatvorwürfen äußert, welche **unterschiedliche prozessuale Taten** i.S.d. § 264 StPO betreffen.

Ⓟ Die eigentliche Beweiswürdigung

Nach der Angabe der Beweisgründe müssen diese gewürdigt werden (z.B. mit der Begründung, warum das Gericht einem Zeugen Glauben geschenkt hat). Für die Beantwortung der Schuldfrage ist die persönliche Gewissheit des Richters notwendig, aber auch genügend, d. h. es kommt auf seine Überzeugung von einem bestimmten Sachverhalt an (Grundsatz der freien Beweiswürdigung, § 261 StPO). Ein besonderer Schwerpunkt ist dabei stets die **Würdigung von Zeugenaussagen**.

Als besonderes Problem stellt sich dar, wenn ein oder mehrere Zeugen den Sachverhalt so geschildert haben, wie ihn auch das Gericht als erwiesen ansieht. **Es darf dabei nicht zu einer epischen Wiederholung der bereits im Sachverhalt geschilderten Umstände kommen.**

KLAUSURHINWEIS

Auf Zeugenaussagen, die mit dem festgestellten Sachverhalt übereinstimmen, wird bloß **Bezug genommen** z.B. durch die Formulierung ***„wie in der Sachverhaltsschilderung dargestellt“***.

Der Angeklagte wird überführt durch die Angaben der Zeugin Hartwig, die das Tatgeschehen wie in der Sachverhaltsschilderung dargestellt geschildert hat. Ihre detailreiche (lebensnahe / frei von Widersprüchen / gut nachvollziehbare) und in sich schlüssige Aussage ist glaubhaft auch gerade deshalb, weil sie sich in die anderen Beweismittel einfügt. Die Zeugin ist glaubwürdig, da sie ihre Aussage ohne Belastungstendenz (ohne eigenes Interesse am Verfahrensausgang trotz bestehender Verwandtschaft oder Freundschaft / auch mit der Angabe von kleineren Erinnerungslücken aufgrund er bisher verstrichenen Zeit zum Tatgeschehen) gemacht hat.

Die Zeuginnen S. und M. bekunden den Sachverhalt wie oben dargestellt. Die Aussagen der Zeuginnen sind glaubhaft, logisch nachvollziehbar und widerspruchsfrei. Sie sind auch frei von überschießender Belastungstendenz oder von dem Versuch zu beschönigen, da beide Zeuginnen letztendlich die zu ihnen gehörenden Personen größtenteils belasten. Soweit sie ihre Erinnerung dahin bekunden, dass der Angeklagte zu Beginn nicht geschlagen habe, aber – nachdem er einen Schlag abbekommen habe – von ihnen habe zurückgehalten werden müssen, da er dann den T. habe angreifen wollen, sind diese Einlassungen insofern glaubhaft, als beide Zeuginnen unmittelbar dabeistanden und von sich aus aktiv den Angeklagten zurückhalten mussten.

KLAUSURHINWEIS

Der Prüfling hat keinen persönlichen Eindruck von den Zeugen. Bzgl. der Glaubwürdigkeit wird das JPA daher in der Regel klare und eindeutige Beweislagen schaffen.

Ein **Sachverständigengutachten** (genauer gesagt die mündlich abgegebene Beurteilung des Sachverständigen) ist ebenso nur ein Beweismittel. Wenn also das Gericht sich dem Ergebnis der Beurteilung eines Sachverständigen (ohne Angabe eigener tatsächlicher Erwägungen) anschließen will, muss es sich das Gutachten zu eigen machen. In der Klausur ist kaum denkbar, dass der Prüfling zu einem anderen Befund kommt als der Sachverständige. Anders kann dies nur sein, wenn z.B. evidente Rechenfehler/Zahlendreher (z.B. Rückrechnung) vorliegen.

KLAUSURHINWEIS
Kommt es für eine Verurteilung auf ein Sachverständigengutachten an, reicht es nicht aus, dessen Ergebnis mitzuteilen. Vielmehr sind in der Beweiswürdigung dessen relevante Anknüpfungstatsachen und Darlegungen wiederzugeben. Die Verwendung von Rechtsbegriffen ist hierbei zu vermeiden, denn die Aufgabe des Sachverständigen erschöpft sich in der Beibringung der Tatsachen, die für eine rechtliche Bewertung durch das erkennende Gericht erforderlich sind.

Nach dieser Schilderung empfiehlt sich dann der folgende Satz:

Das Gericht hat sich den dargelegten überzeugenden Ausführungen des Sachverständigen durch eigene Überzeugungsbildung in vollem Umfang angeschlossen.

Merke: Der lapidare Hinweis, der Angeklagte sei „nach den überzeugenden Bekundungen des Sachverständigen X fahruntüchtig" gewesen, reicht also nicht aus.

Ⓟ Der Indizienbeweis / sog. „Beweismosaik"
Der Rspr. nach sind Indizien Tatsachen, die einen Schluss auf eine andere, unmittelbar erhebliche Tatsache zulassen. Beim Indizienbeweis wird vermutet, dass eine nicht „direkt" bewiesene (Haupt-)Tatsache gegeben ist, weil sich diese Schlussfolgerung aus bewiesenen Tatsachen (Indizien) nach der Lebenserfahrung aufdrängt. Der Indizienbeweis ist dem direkten Beweis gleichwertig. Da ein Indiz jedoch immer nur mit einer gewissen Wahrscheinlichkeit auf die Täterschaft oder die Tat hinweist, lässt es einzeln betrachtet die Möglichkeit des Andersseins offen, enthält daher auch den Zweifel. Es ist jedoch zulässig, aus der Gesamtheit der verschiedenen Indizien, welche für sich allein betrachtet nur mit gewisser Wahrscheinlichkeit auf eine bestimmte Tatsache oder Täterschaft hindeuten und insofern Zweifel offenlassen, auf den vollen rechtsgenügenden Beweis von Tat oder Täter zu schließen.

KLAUSURHINWEIS
In Klausursachverhalten ist die Beweislage in Anbetracht der Darstellungsmöglichkeiten des JPA und der begrenzten Zeit für die Erstellung der Lösung in der Regel eindeutig. Jedoch ergibt sich vielfach eine Situation, in welcher eine Verurteilung nicht auf einzelne Beweisergebnisse wie etwa die Aussage eines Zeugen gestützt werden kann, sondern die Prüfungsleistung darin besteht, aus der zusammenfassenden Bewertung sämtlicher Beweismittel die für eine Verurteilung relevanten Umstände zusammenzufügen (sog. „Beweismosaik"). Dies ist z.B. der Fall, wenn ein Tatzeuge die Tat selbst beobachtet hat, aber nur Kleidung und Statur des Täters beschreiben kann, ein anderer Zeuge hingegen den ihm persönlich bekannten Täter kurz nach der Tat in Tatortnähe mit der beschriebenen Kleidung gesehen hat.

In solchen Fällen ist besonders wichtig, dass es für die Verurteilung nicht nötig ist, sich „Gewissheit" von der Täterschaft zu verschaffen. Vielmehr genügt es, dass es **keinen begründeten Zweifel mehr** an der Täterschaft gibt.

Ⓟ Beweisverwertungsverbote

Ausführungen zur Verwertbarkeit von Beweismitteln durch die Tatgerichte sind grundsätzlich von Rechts wegen nicht geboten (vgl. MG/S, § 267 Rn 12; BGH, 1 StR 202/07). Gleichwohl sind Beweisverwertungsverbote (mit Problemen wie in der *Revisionsklausur*) ein sehr beliebtes Klausurthema, so dass dazu Ausführungen regelmäßig erwartet werden. Liegt ein Beweisverwertungsverbot vor, so dürfen die ermittelten Tatsachen nicht zum Gegenstand der Beweiswürdigung und der Urteilsfindung gemacht werden. Gelangt man zu dem Ergebnis, dass kein Beweisverwertungsverbot vorliegt, legt der Sachverhalt jedoch die Prüfung eines solchen nahe, so sollte genau dargelegt werden, warum ein solches nicht vorliegt.

Merke: Nicht immer entspricht die Praxis der Prüfungssituation.

Die Vernehmung des Zeugen Maier als Zeugen vom Hörensagen verletzt auch nicht den Grundsatz der Unmittelbarkeit der Beweisaufnahme gem. §§ 250 ff. StPO, denn (...).

Die Aussage der Zeugin Stein kann nicht verwertet werden, da (...).

Ausnahmefall:
Es kann offenbleiben, ob die durch das Zeugnis des StA Streng eingeführte Aussage der Zeugin Lasch verwertet werden kann, woran im Hinblick auf (...) Zweifel bestehen. Denn das Gericht hat seine Überzeugung ohne Rückgriff auf den Inhalt dieser Vernehmung durch (...) gebildet.

Ⓟ Hilfsbeweisanträge

Die Ablehnung von Beweisanträgen erfolgt durch Gerichtsbeschluss im Rahmen der Hauptverhandlung (vgl. § 244 VI StPO) und gehört daher nicht in das Urteil. Anders verhält es sich mit einem sog. Hilfsbeweisantrag, der von der Entscheidung über einen (unbedingt gestellten) verfahrensabschließenden Hauptantrag (zumeist der Freisprechung oder Verurteilung des Angeklagten zu einer bestimmten Rechtsfolge) abhängig gemacht wird. Ein solcher bedingter Antrag ist zulässig (sog. zulässige innerprozessuale Bedingung). Ist die Bedingung eingetreten, so muss über den Beweisantrag entschieden werden. Falls das Gericht diesen für begründet hält, tritt es wieder in die Beweisaufnahme ein. Anderenfalls – was in der Klausur stets der Fall sein wird – muss in den Urteilsgründen die Ablehnung entschieden und mit den Gründen gem. §§ 244, 245 StPO begründet werden.
Auch hier entsprechen die Probleme denen einer *Revisionsklausur*.

Ⓟ Rückrechnung bei Alkoholisierung

Die Problematik der sog. „Rückrechnung" muss im Rahmen der **Beweiswürdigung** verortet werden. Die tatsächlichen Anhaltspunkte müssen aber – wie oben bereits erwähnt – bereits in der Schilderung des Sachverhalts angegeben werden.

Merke: Im **Sachverhalt** sind die Ergebnisse der Rückrechnung bereits geschildert worden. Deshalb muss im Rahmen der **Beweiswürdigung** geklärt werden, warum das Gericht von diesen Promillewerten (oder von einer „BAK-Spanne") ausgeht.
Ob dann tatsächlich z.B. eine verminderte Schuldfähigkeit oder eine relative Fahruntüchtigkeit angenommen werden, ist dann wiederum eine Frage der **materiellen Würdigung**.
Damit taucht das Thema an drei Stellen im Urteil auf.

Rückrechnung auf Tatbestandsebene (z.B. §§ 316, 315c StGB)

Auf Tatbestandsebene ist eine möglichst geringe BAK für den Angeklagten von Vorteil. Deshalb erfolgt die Rückrechnung wie folgt (Fischer, § 316 Rn 16, 19 ff.):

Entnahmewert + 0,1 Promille je Stunde, allerdings ohne die letzten 2 Stunden nach Trinkende (Resorptionsphase)

Falls das Trinkende nicht bekannt ist, wird zu Gunsten des Angeklagten der Tatzeitpunkt als Trinkende angenommen!

Die festgestellte BAK (-Spanne) ergibt sich (im Hinblick auf den Mindestwert) aus der Rückrechnung, welcher der Entnahmewert um (...) Uhr von (...) Promille zugrunde liegt. Diesem Wert war pro Stunde 0,1 Promille hinzuzurechnen, wobei die letzten zwei Stunden nach Trinkende um (...) aufgrund der in diesem Zeitraum liegenden Resorptionsphase nicht mit eingerechnet wurden, so dass eine Erhöhung des Entnahmewerts um 0,3 Promille (Anmerkung: Tatzeitpunkt war in diesem Fall 5 Stunden nach Trinkende!) **zu berechnen war.**

Rückrechnung auf Schuldebene (§§ 20,21 StGB)

Auf Schuldebene ist eine möglichst hohe BAK für den Angeklagten von Vorteil. Deshalb erfolgt die Rückrechnung wie folgt (Fischer, § 20 Rn 13):

Entnahmewert + 0,2 Promille je Stunde + einmal 0,2 Promille als sog. „Sicherheitszuschlag" (keine Berücksichtigung der Resorptionsphase!)

Die festgestellte BAK(-Spanne) ergibt sich (im Hinblick auf den Maximalwert) aus der Rückrechnung, welcher der Entnahmewert um (...) Uhr von (...) Promille zugrunde liegt. Diesem Wert war pro Stunde 0,2 Promille hinzuzurechnen, wobei als „Sicherheitszuschlag" zusätzlich noch einmal 0,2 Promille hinzugerechnet wurden, so dass eine Erhöhung des Entnahmewerts um 1,2 Promille (Anmerkung: Tatzeitpunkt war in diesem Fall 5 Stunden nach Trinkende!) **zu berechnen war.**

Merke: Die BAK muss immer genau berechnet werden, da die konkrete Höhe insbesondere wichtig für die Strafzumessung ist (je höher, desto größer ist z.B. die Gefährdung anderer Verkehrsteilnehmer, andererseits liegt zumindest zu Gunsten des Angeklagten eine (deutliche) Enthemmung vor.

IV. Rechtliche Würdigung

IV.

Die Angeklagten haben sich eines gemeinschaftlichen Diebstahls gem. §§ 242 Abs. 1, 25 Abs. 2 StGB schuldig gemacht.
Sie haben fremde bewegliche Sachen der K.-GmbH weggenommen, indem sie diese in ihrer Kleidung verbargen und so eine Gewahrsamsenklave begründet haben.
Sie handelten gemeinschaftlich als Mittäter, weil sie aufgrund eines gemeinsamen Tatentschlusses arbeitsteilig vorgingen und die Beute nach der Tat teilen wollten.
Da sie die Sachen für sich verwerten wollten, handelten sie jeweils in Zueignungsabsicht.

Ⓟ Allgemeine Grundsätze und Regeln für die Klausur

Ⓟ Die Einleitung in die rechtliche Würdigung

Ⓟ Die Subsumtion im Urteilsstil bei Bejahung des Tatbestands

Ⓟ Die Subsumtion im Urteilsstil bei Verneinung des Tatbestands

Ⓟ Rückrechnung bei Alkoholisierung

Ⓟ Allgemeine Grundsätze und Regeln für die Klausur

KLAUSURHINWEIS

In der Urteilsklausur gibt es – anders als in der Anklage- und der Revisionsklausur – kein Gutachten. Deshalb müssen alle materiell-rechtlichen Fragen an dieser Stelle des Urteils behandelt werden, weil Sie als Prüfling kein Problem an eine andere Stelle (z.B. ein „Hilfsgutachten") „auslagern" können.

Nach § 267 III 1 StPO muss das zur Anwendung gebrachte Strafgesetz in den Urteilsgründen angegeben werden. Die rechtliche Würdigung soll die Frage klären, warum das Gericht (aufgrund des erwiesenen Sachverhalts) den jeweiligen Tatbestand für verwirklicht erachtet.

KLAUSURHINWEIS

Anklage und Eröffnungsbeschluss werden den Sachverhalt – naturgemäß – nicht materiell richtig erfassen. Vielmehr werden vom JPA bewusst unzutreffende Delikte in der Anklage präsentiert. Über den Bearbeitervermerk sind stets rechtliche Hinweise i.S.v. § 265 StPO als erteilt zu unterstellen. Damit erst ist die Prüfungsaufgabe sinnvoll gestellt, weil erst jetzt der Prüfling zu eigenen – zutreffenden – Subsumtionen des Sachverhalts kommen kann.

In der rechtlichen Würdigung sind nur die problematischen Punkte (ausführlich) darzustellen und der Sachverhalt darf auf keinen Fall nur wiederholt werden. Erforderlich ist vielmehr eine Subsumtion, wobei streng darauf zu achten ist, dass der Urteilsstil eingehalten wird. Daher ist das Ergebnis der Subsumtion jeweils vorab zu nennen und dann zu begründen. Ob und in welchen Umfang Rechtsausführungen erforderlich sind, ist immer eine Frage des Einzelfalles. So sind Rechtsausführungen z.B. immer nur dann erforderlich, wenn rechtlich zweifelhaft ist, ob ein bestimmtes Tatbestandsmerkmal gegeben ist. Stets sind nicht mehr Rechtsfragen zu entscheiden, als zur Rechtfertigung des Urteils notwendig.

Merke: Die rechtliche Würdigung ist in der Praxis z.T. nicht so entscheidend wie die Feststellungen und die Strafzumessung. In der Klausur wird allerdings regelmäßig ein Schwerpunkt bei den rechtlichen Ausführungen liegen, so dass an dieser Stelle natürlich Kenntnisse im materiellen Recht gezeigt werden sollten. Auch hier unterscheidet sich die Praxis erneut von der Klausursituation.

Dabei gilt, dass Punkte, die vom Angeklagten oder der Staatsanwaltschaft bestritten werden, besonders ausführlich dargestellt werden müssen.

Die **rechtliche Problematik** (Definitionen etc.) wird im **Präsens** dargestellt. Im Rahmen einer Subsumtion werden die zu subsumierenden **Tatsachen** (also der festgestellte Sachverhalt) **im Imperfekt** ggf. im Perfekt dargestellt.

Ⓟ Die Einleitung in die rechtliche Würdigung

Es empfiehlt sich, die rechtliche Würdigung z.B. wie folgt einzuleiten:

Der Angeklagte hat sich deshalb wegen Betrugs gem. § 263 I StGB schuldig gemacht.

oder bei mehreren Angeklagten:

Der Angeklagte Müller hat sich damit wegen schweren Raubes in Tateinheit mit Körperverletzung gem. §§ 249 I, 250 I Nr. 1 lit. b) 223 I, 52 StGB schuldig gemacht. (Es folgen dann die rechtlichen Ausführungen.)

Der Angeklagte Maier hat sich der Beihilfe zum schweren Raub gem. §§ 249 I, 250 I Nr. 1 lit b), 27 StGB schuldig gemacht. (Es folgen dann rechtliche Ausführungen.)

Zu beachten ist, dass bei einer Tateinheit aus allen Strafgesetzen „verurteilt" wird, jedoch „bestraft" wird der Angeklagte nur aus dem schwersten Tatbestand. Deshalb wäre es auch falsch zu formulieren: „Der Angeklagte war daher wegen schweren Raubes in Tateinheit mit Körperverletzung gem. §§ 249 I, 250 I Nr. 1 lit. b), 223 I, 52 StGB zu bestrafen."

Ⓟ Die Subsumtion im Urteilsstil bei Bejahung des Tatbestands
Anschließend folgt die eigentliche rechtliche Würdigung. In diesem Rahmen muss dann begründet werden, warum das Gericht den jeweiligen Straftatbestand für verwirklicht hält und ob ggf. (sofern problematisch) Rechtswidrigkeit und Schuld vorliegen. Anders als in einem Gutachten, werden dabei allein die problematischen Punkte hervorgehoben. Alle anderen werden bloß festgestellt.

Merke: Das Urteil stellt immer zuerst die Delikte dar, die verwirklicht sind. Dies gilt auch dann, wenn das Urteil deutlich hinter Anklage und Eröffnungsbeschluss zurückbleibt. Wenn also wegen Mordes angeklagt war, aber nur wegen § 227 StGB verurteilt wird, beginnt die rechtliche Würdigung dennoch mit der Begründung der Strafbarkeit gem. § 227 StGB.

Auch wenn es natürlich immer Grenzfälle gibt, bietet es sich an, in drei Kategorien von Tatbestandsmerkmalen zu denken:

1. Kategorie: Völlig unproblematische (evidente) Merkmale
Gerade bei §§ 242, 246, 249 StGB ist der Umstand, dass es sich bei dem Tatobjekt um eine „fremde bewegliche Sache" handelt, meist völlig evident. Man könnte schreiben:

Der Angeklagte hat die auf dem Tisch liegende Uhr des Zeugen Z – also eine für ihn fremde bewegliche Sache – (...).

Sollte selbst für diese sehr knappe Form der „Subsumtion" in der Klausur die Zeit fehlen, bietet sich folgender Ausweg an: Sie sprechen die evidenten Merkmale überhaupt nicht an, sondern nur direkt die Tatbestandsmerkmale, die problematisch sind. Damit der Prüfer nunmehr aber nicht denkt, dass der Prüfling bestimmte Merkmale übersehen hat, bieten sich „**Insbesondere-Sätze**" an. Damit zeigt der der Prüfling, dass er sich des Weglassens von Tatbestandsmerkmalen bewusst ist.

Der Angeklagte hat sich somit der Erpressung gemäß § 253 Abs. 1 StGB schuldig gemacht. Insbesondere ist dem Tatopfer dadurch ein Schaden entstanden, dass (...).

2. Kategorie: Merkmale mit einer „kleinen Problematik"
Während die Frage nach der „fremden beweglichen Sache" meist völlig unproblematisch ist, kann sich z.B. bei der Wegnahme bei § 242 StGB die Frage stellen, wann genau der Gewahrsam gebrochen wurde (mit dem Ergreifen, mit dem Stecken in die Hosentasche oder erst mit dem Verlassen der Räumlichkeit). Häufig kann hier eine „**Indem-Formulierung**" helfen.

Der Angeklagte hat die auf dem Tisch liegende Uhr des Zeugen Z – also eine für ihn fremde bewegliche Sache – weggenommen, indem er diese in seine Hosentasche steckte – also eine Gewahrsamsenklave begründete.

3. Kategorie: Die „echten" Probleme der Klausur

Die „echten" Probleme der Klausur sind vollständig im Urteilsstil zu subsumieren. Am Beispiel der Frage, ob bei § 227 StGB der sog. „Unmittelbarkeitszusammenhang" nur an die spezifische Gefährlichkeit des Körperverletzungserfolges anknüpfen kann (so die h.L.) oder auch an die spezifische Gefährlichkeit der Körperverletzungshandlung (so die Rspr.) könnte man schreiben:

Der Angeklagte hat darüber hinaus auch die Erfolgsqualifikation der Körperverletzung mit Todesfolge gemäß § 227 Abs. 1 StGB verwirklicht.
Die Todesfolge ist auch durch die Körperverletzung verursacht worden.
Das Handeln des Angeklagten stellt sich insofern als objektiv sorgfaltswidrig dar.
Der Tod des T ist ihm auch objektiv zuzurechnen.
Schließlich liegt die erforderliche engere Beziehung zwischen Tat und schwerer Folge – der sog. Unmittelbarkeitszusammenhang – hier vor. Zur Rechtfertigung des hohen Strafrahmens muss der Verwirklichung des Grunddelikts eine ihm eigentümliche tatbestandsspezifische Gefahr anhaften, die sich im tödlichen Ausgang unmittelbar niedergeschlagen hat. Es ist nicht erforderlich, dass dieser spezifische Zusammenhang zwischen dem Körperverletzungserfolg und dem Todeseintritt besteht, vielmehr ist die Körperverletzungshandlung, soweit ihr bereits das Risiko tödlichen Ausgangs anhaftet, mit in den Gefahrenzusammenhang einzubeziehen. Dies ergibt sich schon daraus, dass in § 227 StGB vollständig auf die „§§ 223 bis 226a" StGB verwiesen wird, also z.B. auch auf § 223 Abs. 2 StGB, der den bloßen Versuch unter Strafe stellt, bei welchem es keinen eingetretenen Erfolg gibt.
Das ist hier der Fall. Indem der Angeklagte dem sich nähernden Opfer in der Dunkelheit einen heftigen Faustschlag auf das Kinn versetzte, was den Gleichgewichtsverlust des Opfers verursachte und zum rückwärtigen Sturz auf den Metalltisch führte, realisierte sich unmittelbar und ohne weitere Zwischenakte das diesem Geschehen innewohnte Gefährdungspotential für das Opfer durch tödlichen Verletzungen aufgrund des Sturzes.

KLAUSURHINWEIS

Die Zuordnung zu diesen drei Kategorien ist kein neues (sich nur im Strafurteil stellendes) Problem. Es ist – wie auch in jedem Gutachten – die Frage nach der richtigen **Schwerpunktsetzung**.

Ⓟ Die Subsumtion im Urteilsstil bei Verneinung des Tatbestands

Merke: Bei einem Schuldspruch ist immer zuerst darzulegen, welche Delikte verwirklicht sind. Sofern Anklage und Eröffnungsbeschluss andere (vor allem auch schwere Delikte) angeklagt hatten, ist nach der Begründung des Schuldspruchs zu begründen, warum das andere bzw. schwere Delikt nicht angenommen wurde.

Eine Vielzahl der in Betracht kommenden Delikte wird auch in einer Urteilsklausur abzulehnen sein. An dieser Stelle ist es besonders wichtig, den Blick für das Wesentliche zu zeigen und keine wertvolle Zeit zu verlieren.

KLAUSURHINWEIS
Liegt ein Tatbestandsmerkmal nicht vor, so sollte im Rahmen der Begründung, warum der Angeklagte einen bestimmten Tatbestand nicht verwirklicht hat, stets auf das nicht vorliegende Tatbestandsmerkmal gesprungen werden, ohne dass die übliche Prüfungsreihenfolge eingehalten werden muss.

An dieser Stelle müssen Sie sich aber einer Besonderheit einer Urteilsklausur bewusst sein: Sie schreiben kein Gutachten. Deshalb haben Sie bei einem Schuldspruch (nur hiervon reden wir gerade!) nicht jegliche „Tatbestands-Idee" im Urteil anzusprechen.

BEISPIEL: Die Anklage und der Eröffnungsbeschluss sprechen z.B. § 303 StGB nicht an. Auch das Protokoll der Hauptverhandlung ergibt nicht, dass z.B. die StA auf dieses Delikt abgezielt hat. Nach Ihrer Überzeugung liegt dieser Tatbestand auch nicht vor. Warum sollte es also angesprochen werden?

KLAUSURHINWEIS
Delikte, die nicht angeklagt (bzw. eröffnet) waren, auf die es sonst keine Hinweise im Sachverhalt gibt und die schließlich auch nicht vorliegen, dürfen bei einem Schuldspruch wegen anderer Delikte in der Regel auch nicht behandelt werden.

Damit ergeben sich vor allem zwei – besonders klausurrelevante - Konstellationen:

Erstens: Das Urteil bleibt hinter Anklage und Eröffnungsbeschluss zurück.
Das ist z.B. der Fall, wenn die Voraussetzungen einer **Qualifikation** nicht festgestellt werden können. In diesem Fall wird regelmäßig kein rechtlicher Hinweis nötig sein (MG/S, § 265 Rn 9). Nach der Begründung der Strafbarkeit aus dem Grunddelikt (z.B. Erpressung, § 253 StGB) schreibt man dann:

Entgegen der Wertung der Anklage und des Eröffnungsbeschlusses hat sich der Angeklagte Schulz nicht wegen räuberischer Erpressung strafbar gemacht. Denn (...).

Möglich wäre auch (so LG Hamburg, 608 KLS 5/10):

Entgegen der zugelassenen Anklage hat sich der Angeklagte Schulz nicht wegen räuberischer Erpressung strafbar gemacht. Denn (...).

Zweitens: Es wird im Rahmen des § 265 StPO ein anderes Delikt angenommen als in der Anklage.

Ganz besonderes Augenmerk ist in der Klausur auf § 265 I StPO zu legen. Denn das Gericht ist nur an die angeklagte prozessuale Tat gebunden – die durch die Konkretisierung in der Anklageschrift umgrenzt wird, sog. Umgrenzungsfunktion –, nicht jedoch an die rechtliche Würdigung. Sofern nun der Angeklagte wegen eines noch nicht im abstrakten Anklagesatz bzw. im Eröffnungsbeschluss benannten Delikts verurteilt werden soll, ist insoweit gem. § 265 I StPO ein rechtlicher Hinweis durch das Gericht notwendig.

KLAUSURHINWEIS

Anklage und Eröffnungsbeschluss werden den Sachverhalt – naturgemäß – nicht materiell richtig erfassen. Vielmehr werden vom JPA bewusst unzutreffende Delikte in der Anklage präsentiert. Über den Bearbeitervermerk sind stets rechtliche Hinweise i.S.v. § 265 StPO als erteilt zu unterstellen. Damit erst ist die Prüfungsaufgabe sinnvoll gestellt, weil erst jetzt der Prüfling zu eigenen – zutreffenden – Subsumtionen des Sachverhalts kommen kann.

Merke: Der dazu in Klausuren **übliche Bearbeitungsvermerk** lautet:
„Wird ein rechtlicher Hinweis für erforderlich gehalten, so ist zu unterstellen, dass dieser ordnungsgemäß erfolgt ist. Eine solche Vorgehensweise ist in einer Fußnote kenntlich zu machen."

Es ist wie folgt zu **differenzieren**:

Erster Unterfall: Die Voraussetzungen von § 265 StPO liegen evident vor.

In unproblematischen Fällen reicht ein nachträglicher kurzer Hinweis nach der Bejahung des jeweiligen Delikts aus:

(Vollständige Begründung der Bejahung des § 242 StGB.)
Der gem. § 265 Abs. 1 StPO erforderliche Hinweis auf § 242 Abs. 1 StGB wurde erteilt. Entgegen der Wertung der Anklage und des Eröffnungsbeschlusses hat sich der Angeklagte Schulz nicht wegen Betrugs strafbar gemacht. Denn (...).

Unproblematisch sind alle Fälle, in denen es um die richtige Subsumtion der evident gleichen prozessualen Tat handelt. Damit sind vor allem die klassischen Abgrenzungsprobleme erfasst: Diebstahl/Betrug, Raub/räuberische Erpressung, Vorsatz/Fahrlässigkeit.

Zweiter Unterfall: Abgrenzungsproblem von § 265 StPO und § 266 StPO

Für die Verurteilung einer neuen noch nicht angeklagten prozessualen Tat müsste gem. § 266 I StPO eine Nachtragsanklage durch die Staatsanwaltschaft erfolgen. Entsprechendes müsste dann auch im Protokoll der Hauptverhandlung vermerkt sein, wobei dann das Gericht auch zuständig sein muss und der Angeklagte ausdrücklich zugestimmt haben muss. In der Klausur wird dies regelmäßig nicht der Fall sein.

Problemfälle sind vor allem diejenigen, in denen trotz materieller Tatmehrheit gem. § 53 StGB nur eine einheitliche prozessuale Tat angenommen wird.

Merke: **Klassiker** sind insoweit: Brandlegung und anschließende Schadensmeldung bei der Versicherung sowie die einheitliche Trunkenheitsfahrt, welche durch die „Zäsurwirkung" des (Beinahe-)Unfalls tatmehrheitlich begangen wird.

KLAUSURHINWEIS
Im problematischen Fall, der aber dennoch zu § 265 I StPO führt, wird § 265 I StPO nach der Feststellung, dass sich der Angeklagte insoweit schuldig gemacht hat, im Urteil vorangestellt und sodann das Bestehen einer einheitlichen prozessualen Tat erörtert.

Der Angeklagte hat sich durch die Schadensmeldung eines Betruges gemäß § 263 Abs. 1 StGB schuldig gemacht.
Einer Nachtragsanklage gem. § 266 StPO bedurfte es nicht, da die Schadensmeldung mit der vorangehenden, vorliegend angeklagten Brandlegung nach der Auffassung des Lebens einen einheitlichen Vorgang, also eine (einzige) prozessuale Tat i.S.v. § 264 Abs. 1 StPO bildet.
(Es folgt die weitere Begründung der Strafbarkeit gem. § 263 StGB.)
Der gem. § 265 Abs. 1 StPO wegen der Veränderung des rechtlichen Gesichtspunktes erforderliche Hinweis wurde erteilt.

Ⓟ Rückrechnung bei Alkoholisierung
Die Rückrechnung selbst ist kein Problem der materiellen Würdigung, sondern ist (s.o.) in der Beweiswürdigung zu behandeln.
Bei der materiellen Würdigung geht es nur darum, ob die Voraussetzungen z.B. für § 20 oder §§ 316, 315c StGB gegeben sind.
§ 21 StGB gehört demgegenüber in die Strafzumessung!

V. Die Strafzumessung

V.

Der Diebstahl wird mit Freiheitsstrafe bis zu fünf Jahren oder mit Geldstrafe bestraft.

Im Rahmen der Strafzumessung wurde zugunsten des Angeklagten berücksichtigt, dass er bislang strafrechtlich noch nicht in Erscheinung getreten ist. Darüber hinaus ist durch den Diebstahl, den er vollständig eingeräumt hat, kein gravierender Schaden entstanden.
Gravierende Strafschärfungsgründe sind demgegenüber nicht ersichtlich, so dass es bei einer Geldstrafe belassen werden konnte, die Verhängung einer kurzen Freiheitsstrafe war bezüglich der Tat nicht unerlässlich im Sinne des § 47 StGB. Nach Abwägung der für und gegen den Angeklagten sprechenden Umstände hält das Gericht eine Geldstrafe von ... Tagessätzen zu je ... EUR für tat- und schuldangemessen.

Ⓟ Grundlagen und typischer Bearbeitungsvermerk

Ⓟ Die drei Schritte der Strafzumessung nach BGH

Ⓟ Der gesetzliche Strafrahmen bei §§ 52 und 53 StGB

Ⓟ Die minder schweren Fälle

Ⓟ Ein minder schwerer Fall trifft mit einem vertypten Strafmilderungsgrund zusammen

Ⓟ Die vertypten Strafmilderungsgründe

Ⓟ Die Strafschärfungen

Ⓟ Strafzumessung im engeren Sinn

Ⓟ Strafzumessung im engeren Sinn und das Verbot der Doppelverwertung

Ⓟ Konkrete Festsetzung der Strafe nach Art und Höhe

Ⓟ Gesamtstrafe

Ⓟ Nachträgliche Gesamtstrafenbildung

Ⓟ Höhe des Tagessatzes bei Geldstrafe

Ⓟ Strafaussetzung zur Bewährung

Ⓟ Anrechnung einer Untersuchungshaft

Ⓟ Nebenstrafe Fahrverbot

Ⓟ Die Entziehung der Fahrerlaubnis

Ⓟ Die Einziehung

Ⓟ Grundlagen und typischer Bearbeitungsvermerk

Das Gericht ist verpflichtet, gem. § 267 III 1 StPO diejenigen Umstände aufzuführen, die für die Strafzumessung bestimmend gewesen sind. Auch wenn in der Klausur bei einer zeitigen Freiheitsstrafe diese nicht konkret zu beziffern ist und bei einer Geldstrafe – was eher selten der Fall ist – die Anzahl der Tagessätze nicht zu bestimmen ist, entbindet dies den Prüfling nicht von der Vornahme einer Strafzumessung. Erwartet werden dabei nicht vertiefte Kenntnisse einer in der Praxis durchaus komplizierten Tätigkeit, sondern eine den Grundzügen der Strafzumessung folgende und deshalb nicht zu kritisierende Darstellung.

Merke: Vertiefen Sie dieses Thema **nicht** in einem umfangreichen Lehrbuch. Sie benötigen in einer Klausursituation (Zeitdruck!) „knackige" Formulierungen und eine „lernbare" möglichst kurze und stringente Linie.

Das Anforderungsprofil ergibt sich zunächst aus dem **regelmäßig verwendeten Bearbeitungsvermerk der Prüfungsämter**. Dieser lautet meist:

Im Falle einer Verurteilung ist keine bestimmte Strafhöhe auszusprechen. In den Gründen ist jedoch dazulegen:

- *Von welchem Strafrahmen auszugehen ist,*
- *ob eine Geld- oder Freiheitsstrafe für angemessen erachtet wird,*
- *bei einer Geldstrafe, in welcher Höhe ein Tagessatz festzusetzen ist,*
- *welche zu Gunsten und zu Lasten des Angeklagten sprechenden Strafzumessungserwägungen angestellt worden sind und welche Rechtsgrundlagen dem zu Grunde liegen,*
- *ob bei einer Freiheitsstrafe eine Strafaussetzung zur Bewährung in Betracht kommt und welche rechtlichen Grundlagen diesen Erwägungen zu Grunde liegen; soweit es in diesem Zusammenhang auf die Höhe der Freiheitsstrafe ankommen sollte, sind Ausführungen erforderlich, in welcher Größenordnung eine Strafe zu erwarten ist.*

Im Falle der Verhängung von Maßregeln der Besserung und Sicherung gemäß 69, 69a StGB ist die Dauer einer Sperrfrist nicht festzusetzen. In den Gründen ist nur darzulegen, ob und warum eine solche Maßregel für erforderlich gehalten wird.

Ⓟ Die drei Schritte der Strafzumessung nach BGH

Das Finden der angemessenen Strafe vollzieht sich nach der vom BGH angewandten sog. **Spielraumtheorie** in drei Schritten:

1. Schritt: Bestimmung des gesetzlichen Strafrahmens

Zunächst muss der gesetzliche Strafrahmen bestimmt werden, der für die abzuurteilende Tat maßgebend ist. Dabei geht man von einem Regelstrafrahmen aus, der ggf. durch Sonderstrafrahmen konkretisiert wird.

2. Schritt: Bestimmung des Schuldrahmens (Strafzumessung im engeren Sinn)

Sodann muss die konkrete Tat in den so gefundenen Strafrahmen eingeordnet werden. Maßgebliches Kriterium ist dabei die Strafzumessungsschuld, die nach § 46 StGB bemessen wird. Es müssen dabei alle Umstände, die für und gegen den Angeklagten sprechen, gegeneinander abgewogen werden.

3. Schritt: Konkrete Festsetzung der Strafe nach Art und Höhe

Schließlich wird die Strafe nach Art und Höhe, also die konkrete Ausgestaltung der Strafe festgesetzt (z.B. Geldstrafe oder Freiheitsstrafe? Strafaussetzung zur Bewährung?). Dabei sind nunmehr auch die Präventionsaspekte (z.B. Generalprävention) zu berücksichtigen.

Ⓟ Der gesetzliche Strafrahmen bei §§ 52 und 53 StGB

In einer Klausur wird regelmäßig eine **Tatmehrheit** gegeben sein, weil es sich sonst kaum um eine 5-Stunden-Klausur handeln dürfte.

Merke: Für jede der in **Tatmehrheit** (§ 53 StGB) stehenden Taten müssen die nachfolgend dargestellten Strafzumessungsüberlegungen separat angestellt werden. Aus den verschiedenen Einzelstrafen (in der Klausur „Einzelstrafrahmen") wird dann am Ende in einer Gesamtabwägung die Gesamtstrafe (der „Gesamtstrafrahmen") gebildet.

Im Rahmen jeder einzelnen Tat im materiellen Sinn ist zu unterscheiden:

1. Variante: Die Tat verwirklicht nur ein einziges Delikt.

Bei der Ermittlung des gesetzlichen Strafrahmens ist zunächst zu prüfen, welche Strafandrohung der konkrete Tatbestand für den Regelfall enthält (sog. **Regelstrafrahmen**), was nur in den Fällen der absolut bestimmten Strafe entfällt (z.B. § 211 StGB).

Die Regelstrafrahmen ergeben sich dabei aus:

- Grundtatbeständen
- Qualifikationstatbeständen
- Privilegierungstatbeständen

Merke: Bei der Bestimmung des Regelstrafrahmens müssen allerdings häufig auch Vorschriften des Allgemeinen Teils zu den Rechtsfolgen der Tat (§§ 38 ff. StGB) herangezogen werden. In den einzelnen Straftatbeständen wird nämlich zumeist nur die Mindest- oder Höchststrafe genannt und die Geldstrafe i.d.R. nur allgemein angedroht. Gem. § 38 II StGB beträgt z.B. das Mindestmaß der zeitigen Freiheitsstrafe 1 Monat, das Höchstmaß 15 Jahre.

Wenn also z.B. § 249 I StGB androht, dass der Räuber „mit Freiheitsstrafe nicht unter einem Jahr bestraft" wird, so ergibt sich erst unter Hinzuziehung des § 38 II StGB, dass der Regelstrafrahmen 1 Jahr bis 15 Jahre Freiheitsstrafe beträgt. *(**Beachte:** § 38 StGB wird dennoch nicht bei den angewendeten Vorschriften aufgeführt.)*

Wenn der Regelstrafrahmen geklärt ist, so muss sodann sorgfältig untersucht werden, ob Strafmilderungen oder Strafschärfungen zu anderen Strafrahmen (sog. **Sonderstrafrahmen**) führen. Dazu später.

2. Variante: Die Tat verwirklicht mehrere Delikte.

Vor der Frage der Ermittlung des Strafrahmens steht im Falle der materiellen Tateinheit gem. **§ 52 StGB** die Frage, von welchem Tatbestand dabei überhaupt auszugehen ist.

Hierbei ist insbesondere **§ 52 II 2 StGB** zu berücksichtigen, nach dem die Strafe aus dem Gesetz entnommen wird, das die – konkret – höchste Strafe androht. Dabei wird dieser Vergleich aber nur gedanklich vorgenommen und es verbleibt im Urteil nur der Hinweis auf § 52 II 2 StGB.

Für die Tat des Angeklagten sieht das Gesetz gem. §§ 242 Abs. 1, 52 Abs. 2 S. 1 StGB eine Geldstrafe oder Freiheitsstrafe bis zu fünf Jahren vor.

Bei ungleichartiger Tateinheit kann es aber auch komplizierter werden:

Die Strafdrohungen aller verletzten Strafgesetze können nach 52 II-IV StGB zu einer „gemeinsamen Strafdrohung" zu kombinieren sein, der dann die einheitliche Strafe gem. **§ 52 II 1 StGB** zu entnehmen ist.

Merke: Der **Kombinationsstrafrahmen** wird nach oben durch die höchste der Höchststrafen der verletzten Einzelstrafgesetze und nach unten durch die höchste der Mindeststrafen begrenzt.

Neben der Hauptstrafe muss oder kann auf Nebenstrafen, Nebenfolgen oder Maßnahmen erkannt werden, wenn nur eines der verletzten Gesetze sie vorschreibt oder zulässt.

Merke: Die Prüfung, welches Strafgesetz die schwerere Strafe androht, darf erst erfolgen, nachdem für jeden einzelnen Tatbestand der im Einzelfall anzuwendende Strafrahmen festgestellt wurde.

BEISPIEL: Bei versuchtem Mord in Tateinheit mit schwerem Raub ist zunächst zu fragen, ob bei Mord die Strafe aus § 211 StGB (lebenslangen) oder wegen Versuchs nach § 49 I Nr. 1 i.V.m. § 38 II StGB auf **3–15 Jahre** Freiheitsstrafe zu mildern ist.

Beim schweren Raub ist zu prüfen, ob ein Qualifikationstatbestand nach § 250 I StGB oder sogar nach dem härteren § 250 II StGB vorliegt. Anschließend ist zu entscheiden, ob ein minder schwerer Fall nach § 250 III StGB gegeben ist. Greift § 250 II StGB ein und ist ein minder schwerer Fall nicht gegeben, ergibt sich ein Strafrahmen von **5–15 Jahren** Freiheitsstrafe. Die Untergrenze des Strafrahmens ist hier also höher als beim versuchten Mord, so dass der **anzuwendende Strafrahmen von 5–15 Jahre** Freiheitsstrafe reicht.

Bei der Androhung **verschiedener Strafarten** wird die mildere durch die schwerere Strafart verdrängt:

- Droht eines der Gesetze Freiheitsstrafe, das andere nur Geldstrafe an, ist auf die schwerere Freiheitsstrafe zu erkennen. Auf eine Geldstrafe kann nur über § 47 StGB erkannt werden.

- Entsprechendes gilt, wenn im einen Gesetz Freiheitsstrafe, im anderen wahlweise Freiheitsstrafe oder Geldstrafe angedroht ist. Die mildere Wahlmöglichkeit entfällt und auf Geldstrafe kann nur über § 47 StGB erkannt werden.

Neben Freiheitsstrafe kann gesondert auf Geldstrafe nur unter den Voraussetzungen des § 52 III StGB erkannt werden.

Ⓟ Die minder schweren Fälle

Das Gesetz kennt minder schwere Fälle, wobei zwischen **benannten** (z.B. § 213 StGB, der sogar beides enthält) und **unbenannten** (z.B. 249 II StGB) minder schweren Fällen zu unterscheiden ist. Der Rspr. nach liegt dabei ein minder schwerer Fall vor, wenn das gesamte Tatbild einschließlich aller subjektiven Momente und der Täterpersönlichkeit bei Gesamtbetrachtung aller wesentlichen belastenden und entlastenden Umstände vom Durchschnitt der gewöhnlich vorkommenden Fälle in so erheblichem Maße abweicht, dass die Anwendung des Ausnahmestrafrahmens geboten erscheint (z.B. erheblich geminderter Erfolgs- oder Handlungsunwert). Für die Klausur genügt die folgende Definition:

Definition: Ein minder schwerer Fall liegt vor, wenn die mildernden Faktoren die strafschärfenden so beträchtlich überwiegen (vgl. Fischer, § 46 Rn 85), dass die Anwendung des Regelstrafrahmens eine unverhältnismäßige Härte bedeuten würde.

Das weitere Vorgehen in der Klausur hängt nun davon ab, ob ein minder schwerer Fall angenommen wird oder nicht.

1. Variante: Verneinung des minder schweren Falles

Wenn ein minder schwerer Fall verneint wird, sollte – kurz – das entscheidende Kriterium, welches zur Verneinung führt, genannt werden. Danach folgt dann unmittelbar die Strafzumessung im engeren Sinne.

Einen minder schweren Fall des Raubes gem. § 249 Abs. 2 StGB hat die Kammer verneint, da die mildernden Faktoren schon allein im Hinblick auf die große Beute (oder: **die schweren Verletzungen des Opfers) nicht beträchtlich überwiegen.**
Bei der konkreten Strafzumessung hat die Kammer unter Beachtung der Kriterien des § 46 Abs. 2 StGB (...).

2. Variante: Bejahung des minder schweren Falles

Sofern ein minder schwerer Fall bejaht wird, muss man sich stets des § 50 StGB bewusst sein. Dieser verbietet Doppelverwertungen. Wie verhält sich also die Bejahung des minder schweren Falles zur Strafzumessung im engeren Sinne?

Merke: Die für die Annahme eines minder schweren Falles maßgeblichen Umstände sind innerhalb der Strafzumessung im engeren Sinne nochmals zu berücksichtigen, wenn auch mit geringerem Gewicht. Hierin liegt – mit Blick auf das geringere Gewicht – kein Verstoß gegen § 50 StGB (Fischer, § 50 Rn 6).

Damit droht nunmehr eine Doppelung von Ausführungen und Strafzumessungsgesichtspunkten, die der Prüfer erstens nicht lesen möchte und für die in der Klausur auch keine Zeit ist.

KLAUSURHINWEIS
Deshalb sollten die – eigentlich erst zur Strafzumessung im engeren Sinne gehörenden – Strafzumessungserwägungen bereits bei der Begründung des minder schweren Falles angeführt werden. Bei der Strafzumessung im engeren Sinne kann dann auf diese Ausführungen Bezug genommen werden.

Die Kammer hat jedoch einen minder schweren Fall des Raubes gem. § 249 Abs. 2 StGB angenommen, da die mildernden Faktoren so beträchtlich überwiegen, dass die Anwendung des Regelstrafrahmens eine unverhältnismäßige Härte bedeuten würde. Zwar hat der Angeklagte zunächst einen hohen Schaden angerichtet (oder: **Zwar ist der Angeklagte bereits einmal einschlägig vorbestraft), jedoch haben die strafmildernden Umstände wesentlich erheblicheres Gewicht. Der Angeklagte hat dem Zeugen Zander die geraubte Uhr nach ca. 10 Minuten mit einer Entschuldigung zurückgegeben und sich sofort der Polizei gestellt.** (Oder: **Der Angeklagte ist geständig und hat sich in der Hauptverhandlung bei dem Geschädigten entschuldigt.)**

Ⓟ Ein minder schwerer Fall trifft mit einem vertypten Strafmilderungsgrund zusammen
Das StGB kennt viele besondere gesetzliche Milderungsgründe (sog. **vertypte Milderungsgründe**). Dabei gibt es sog. **fakultative** Strafmilderungsgründe („kann") wie z.B. § 23 II StGB (Versuch), § 13 II StGB (Unterlassung), § 21 StGB (verminderte Schuldfähigkeit) und § 17 S. 2 StGB (vermeidbarer Verbotsirrtum) oder sog. **obligatorische** Strafmilderungsgründe („ist") wie z.B. § 27 II 2 StGB (Beihilfe) und § 28 I StGB, wobei alle diese Vorschriften auf § 49 StGB verweisen.

Besonders zu beachten ist dabei das **Doppelverwertungsverbot des § 50 StGB**: In den Fällen, in denen der angewendete Straftatbestand einen minder schweren Fall (z.B. § 213 StGB) vorsieht und der gleiche Umstand zugleich ein besonderer gesetzlicher Milderungsgrund für § 49 StGB sein könnte (z.B. §§ 13 II, 17 S. 2, 21, 23 II StGB) darf der mildernde Umstand nur einmal berücksichtigt werden (Fischer, § 50 Rn 2). Allgemein gilt dabei, dass wenn sich ein minder schwerer Fall bereits aufgrund des Vorliegens allgemeiner Strafmilderungsgründe bejahen lässt, dies i.d.R. vorzugswürdig ist, da diese üblicherweise eine günstigere Strafrahmenverschiebung enthalten.

BEISPIEL: Totschlag, § 212 StGB
Der minder schwere Fall gem. **§ 213 StGB** führt zu einer Freiheitsstrafe von **einem Jahr bis zu 10 Jahren**.
Der nach **§ 49 I Nr. 2, 3 StGB** gemilderte Strafrahmen des Totschlags beträgt demgegenüber Freiheitsstrafe von **2 Jahren bis zu 11 Jahren 3 Monaten**.

Vorrangig ist daher zu prüfen, ob und warum ein minder schwerer Fall vorliegen könnte.

Sollte dies (nur) durch Umstände begründet werden können, die zugleich einen vertypten Milderungsgrund darstellen würden, so sind diese dann nach § 50 StGB verbraucht. Ansonsten könnten diese eine weitere Strafrahmenverschiebung gem. § 49 StGB auslösen (Fischer, § 50 Rn 4). Um den Vorgang in der Klausur nicht zu verkomplizieren, bietet es sich regelmäßig an, einen minder schweren Fall unter Verbrauch des vertypten Milderungsgrundes zu bejahen. (Auch revisionsrechtlich ist dieses Vorgehen nicht zu beanstanden, da die Strafrahmenwahl durch den Strafrichter nur eingeschränkt überprüft werden kann, Fischer, § 46 Rn 85).

Die Kammer hat jedoch einen minder schweren Fall des Raubes gem. § 249 Abs. 2 StGB angenommen, da die mildernden Faktoren so beträchtlich überwiegen, dass die Anwendung des Regelstrafrahmens eine unverhältnismäßige Härte bedeuten würde. Der Angeklagte hat dem Zeugen Zander die geraubte Uhr nach ca. 10 Minuten mit einer Entschuldigung zurückgegeben und sich sofort der Polizei gestellt.
Im Hinblick auf die erhebliche und einschlägige Vorstrafe des Angeklagten konnte ein minder schwerer Fall dabei nicht allein aufgrund der allgemeinen Milderungsgründe angenommen werden, sondern nur unter zusätzlicher Heranziehung des fakultativen vertypten Milderungsgrundes gem. § 21 StGB, so dass § 50 StGB einer weiteren Strafrahmenverschiebung gemäß § 49 StGB entgegensteht. Somit ergab sich gem. § 249 Abs. 2 StGB ein Strafrahmen von 6 Monaten bis zu fünf Jahren Freiheitsstrafe.
Bei der konkreten Strafzumessung hat das Gericht die eben genannten Zumessungsgesichtspunkte im Rahmen des § 46 Abs. 2 StGB erneut gegeneinander abgewogen, wobei den zur Annahme eines minder schweren Falles führenden Umständen aus diesem Grund jedoch ein geringeres Gewicht beigemessen wurde.
Hiernach erscheint eine Freiheitsstrafe von (...) als tat- und schuldangemessen.

Ⓟ Die vertypten Strafmilderungsgründe

Häufig kommt „nur" ein vertypter Strafmilderungsgrund in Betracht, ohne dass das Gesetz einen minder schweren Fall anerkennt.

Liegt ein Fall der **obligatorischen (zwingenden) vertypten Strafmilderung** vor, ist ohne weitere Begründung der gem. § 49 I StGB gemilderte Strafrahmen zu berechnen.
Dabei ist stets die **neue Oberschwelle** zu bestimmen. Bei „lebenslang" ist dies gem. §§ 49 I Nr. 1, 38 II StGB 15 Jahre. Ansonsten gem. § 49 I Nr. 2 StGB drei Viertel des angedrohten Höchstmaßes.
Eine **neue Unterschwelle** gem. § 49 I Nr. 3 StGB ist nur zu bestimmen, wenn ein „erhöhtes Mindestmaß" angedroht ist. Das Mindestmaß der Freiheitsstrafe ist gem. § 38 II StGB ein Monat. Wenn also z.B. im Raub eine Freiheitsstrafe von „nicht unter einem Jahr" angedroht ist, dann mildert sich dieses „erhöhte Mindestmaß" gem. § 49 I Nr. 3 StGB auf 3 Monate. Beim Diebstahl hingegen entfällt z.B. die Anwendung des § 49 I Nr. 3 StGB, da dieser kein „erhöhtes Mindestmaß" androht.

Bei den **fakultativen vertypten Strafmilderungsgründen** ist in einem Urteil grundsätzlich auch an dieser Stelle eine Gesamtabwägung vorzunehmen, jedoch ist dies revisionsrechtlich nur erforderlich, wenn der festgestellte Sachverhalt gegen die Strafmilderung spricht, was in Klausuren i.d.R. nicht der Fall sein dürfte.

Insofern ist auch eine mehrfache Anwendung des § 49 StGB denkbar, wobei zu beachten ist, dass wenn in den Fällen der Nr. 3 das Mindestmaß der Freiheitsstrafe unter 6 Monate fällt zu prüfen ist, ob nicht nach § 47 II StGB eine Geldstrafe zu verhängen ist.

Die gegen den Angeklagten zu verhängende Strafe ist gemäß § 52 Abs. 2 StGB aus § 211 StGB zu entnehmen. Diesen Strafrahmen hat das Gericht nach § 23 II StGB i.V.m. § 49 Abs. 1 Nr. 1 StGB gemildert, weil die Tat keine Vollendungsnähe hatte. Darüber hinaus hat das Gericht die Strafe nochmals nach § 21 i.V.m. § 49 Abs. 1 Nr. 2 und 3 StGB gemildert, so dass sich ein Strafrahmen von 6 Monaten bis zu 11 Jahren und 3 Monaten ergibt.

Ⓟ Die Strafschärfungen

Zu Strafschärfungen können benannte und unbenannte besonders schwere Fälle führen. Heute sind diese in der absoluten Mehrzahl durch die **Regelbeispielstechnik** geregelt (z.B. § 243 I StGB), wobei diese auch nicht bindend sind, jedoch in der Klausur in aller Regel nicht erwartet wird, dass Prüflinge dabei selbst eigene entwerfen. Zu beachten ist, dass anders als bei minder schwereren Fällen ein besonders schwerer Fall nur auf **tatbezogene Umstände** gestützt werden darf. Für den Fall des Zusammentreffens eines besonders schweren Falles mit vertypten Milderungsgründen gilt § 50 StGB entsprechend.

Ⓟ Strafzumessung im engeren Sinn

Nach der Bestimmung des gesetzlichen Strafrahmens ist in einem 2. Schritt die konkrete Tat in dem festgelegten gesetzlichen Strafrahmen einzuordnen. Dabei müssen gem. § 46 II StGB alle für und gegen den Täter sprechenden Umstände, die zuvor ordnungsgemäß festgestellt worden sind, gegeneinander abgewogen werden. Die Faktoren, die bei der Strafzumessung in erster Linie zu beachten sind, sind die Schwere der Tat und die Bedeutung des verletzten Rechtsguts (= Erfolgsunwert) sowie der Grad der persönlichen Schuld des Täters (= Handlungsunwert).

Merke: Die abzuwägenden Kriterien werden sich stets aus den in der Klausur enthaltenen Informationen ergeben. Dabei reicht stets die Erwähnung weniger Kriterien aus, um das Verständnis der Strafzumessung zu zeigen. (Jeweils zwei Kriterien dürften in einer Klausur bereits genügen!) Ein besonderer Fehler läge darin, das Fehlen von strafmildernden Gesichtspunkten als strafschärfend anzusehen.

KLAUSURHINWEIS
Machen Sie es an dieser Stelle wie die Prüfervermerke des Prüfungsamtes: **Fassen Sie sich kurz!**

Bei der konkreten Strafzumessung hat sich das Gericht unter Beachtung der Kriterien des § 46 Abs. 2 StGB insbesondere von folgenden Erwägungen leiten lassen. Zu Gunsten des Angeklagten sprach (...). Zu seinem Nachteil war zu berücksichtigen (...).

Das Aktenstück liefert Ihnen in der Regel klare Hinweise. Diese sollten Sie kurz aufgreifen. Die folgenden typischen Strafzumessungsgründe sollen insoweit Ihr Problembewusstsein schärfen:

Beweggründe und Ziele des Angeklagten

- strafschärfend: grob eigennütziges verhalten, Gewinnsucht, Habgier
- strafmildernd: wirtschaftliche Not, Bereicherung für Dritte

Gesinnung, die aus der Tat spricht

- strafschärfend: gewissenloses, gefühlloses, grausames und brutales Handeln
- strafmildernd: spontane Tatbegehung

Aufgewendeter Wille (d.h. Intensität des Täterwillens)

- strafschärfend: besonders intensive Tatplanung, hohe kriminelle Energie
- strafmildernd: gruppendynamische Prozesse, fehlende Kontrollen, geringe kriminelle Energie, alkoholbedingte Enthemmung (wenn dies nicht gerade den Tatvorwurf darstellt, z.B. bei der a.l.i.c.)

Art der Ausführung (d.h. Tatmodalitäten wie Ort, Zeit Dauer, Mittel)

- strafschärfend: geplantes Zusammenwirken mehrerer Personen, besonders erniedrigende Behandlung des Opfers, tateinheitliche Verwirklichung mehrere Tatbestände

Ausmaß des angerichteten Schadens

- strafschärfend: hoher Schaden, Eintritt des Schadens bei Gefährdungsdelikten, Insolvenz des geschädigten Unternehmens, erhebliche Verletzungen, bleibende Verletzungen, lange psychologische Behandlung

Merke: Vorsicht ist immer bei außertatbestandlichen Tatfolgen geboten. Dabei handelt es sich um Folgen, die nicht vorliegen müssen, damit der Tatbestand bejaht werden kann. Solche Folgen dürfen nur dann berücksichtigt werden, wenn sie vom Schutzzweck der Norm erfasst sind. So ist z.B. rechtsfehlerhaft die Überlegung, ein Asylbewerber habe durch seine Tat (§ 223 StGB) das Ansehen der in Deutschland lebenden Asylbewerber stark geschädigt (BGH, 2 StR 386/16).

Vorleben des Angeklagten und seine persönlichen Verhältnisse

- strafschärfend: einschlägige Vorstrafen, Warneffekte durch Vorstrafen und frühere Verfahren
- strafmildernd: straffrei oder sozial nützliche Lebensweise

Persönliche Verhältnisse des Angeklagten

Diese können nur berücksichtigt werden, soweit sie in Beziehung zur Tat stehen, da das Strafrecht keine Lebensführungsschuld kennt. Angeführt werden können dabei z.B. Beruf-, Familien-, Vermögensverhältnisse sowie Krankheiten.

Verhalten nach der Tat

- strafschärfend: neuerliche Straftaten, sofern ein innerer Zusammenhang der Straftaten besteht und die neuen Taten auf eine Rechtsfeindlichkeit oder sonstige zu missbilligende Einstellungen des Angeklagten zur Zeit der Tat schließen lassen; Verhalten im Prozess bei Ausdruck rechtsfeindlicher Gesinnung (z.B. Belastung unschuldiger Dritter durch wahrheitswidrige Ausführungen); die bloße Spurenbeseitigung darf einem Täter nicht strafschärfend angelastet werden (BGH, 2 StR 286/16)
- strafmildernd: Bemühen um Schadenswiedergutmachung, Verhalten im Prozess wie z.B. Reue, Einsicht und Geständnis (nicht, wenn dies nur aus prozesstaktischen Gründen erbracht wurde)

Merke: Nach st. Rspr. muss auch ein langer Zeitraum, der zwischen Tat und Urteil (bei einwandfreier Führung des Angeklagten) verstrichen ist, strafmildernd berücksichtigt werden.

KLAUSURHINWEIS
Natürlich müssen in der Klausur nicht alle Punkte angesprochen werden. Vielmehr ist es sinnvoll, sich auf 1 – 3 Kriterien zu beschränken, die im konkreten Fall sich besonders aufdrängen.

Zu Gunsten des Angeklagten sprach, dass er durch den vorangegangenen Alkoholkonsum in Kombination mit der bei ihm bestehenden ADS Erkrankung enthemmt war. Besonders musste zugunsten des Angeklagten berücksichtigt werden, dass letztlich die Initiative von dem anderweitig verfolgten V. ausging und der Angeklagte insofern aus einer gewissen Gruppendynamik heraus gehandelt hat.
Zu seinem Nachteil war zu berücksichtigen, dass der Geschädigte S. nicht unerheblich verletzt ist und dass der Angeklagte bereits einmal strafrechtlich in Erscheinung getreten ist, ohne dass dies ihn von der Begehung der hiesigen Tat hätte abhalten können.

Merke: Sollte in einer Klausur wirklich nichts für den Angeklagten sprechen, dann lassen Sie diesen Punkt einfach weg. Schreiben Sie z.B. nicht: „Zu Gunsten des Angeklagten sprach nichts." Sollte hier nämlich doch etwas übersehen worden sein, so könnte immer noch angenommen werden, dass dieser Aspekt nicht „bestimmend" i.S.v. § 267 III 1 StPO gewesen ist.

Ⓟ Strafzumessung im engeren Sinn und das Verbot der Doppelverwertung
Besondere Aufmerksamkeit erfordert das Doppelverwertungsverbot des § 46 III StGB. Danach dürfen Umstände, die schon Merkmale des gesetzlichen Tatbestandes sind, bei der Bestimmung der Strafzumessungsschuld (2. Stufe) nicht nochmals berücksichtigt werden, da sie bereits maßgeblich für den gesetzlichen Strafrahmen (1. Stufe) waren. Es ist jedoch nicht unzulässig, die Tatbestandsmerkmale in qualitativen und quantitativen Abstufungen zu berücksichtigen.

So darf bei § 263 I StGB zwar nicht der Umstand, dass der Angeklagte getäuscht hat, strafschärfend berücksichtigt werden. Auch der Umstand, dass der Angeklagte dabei mit List vorgegangen ist, darf nicht berücksichtigt werden, da dies regelmäßig zu einer Täuschung dazugehört. Es verstößt aber nicht gegen § 46 III StGB strafschärfend zu berücksichtigen, dass der Angeklagte mit einer ungewöhnlichen Verschlagenheit vorgegangen ist.

Die Rspr. erstreckt das Doppelverwertungsverbot außerdem auf Umstände, die typische Begleiterscheinungen oder regelmäßige Tatfolge des Tatbestandes sind, aus dem sich die Strafbarkeit des Angeklagten ergibt. So darf z.B. bei einer Verurteilung wegen Beihilfe nicht strafschärfend berücksichtigt werden, dass der Angeklagte durch sein Handeln die Bereitschaft des Haupttäters zur Tatbegehung gefördert hat.

Auch Umstände, die den Grundgedanken der Vorschrift, aus der sich die Strafbarkeit ergibt, darstellen und demgemäß schon bei der Aufstellung des gesetzlichen Strafrahmens berücksichtigt wurden, dürfen bei der Strafzumessung nicht berücksichtigt werden (z.B. bei § 242 I StGB. „Strafschärfend war zu berücksichtigen, dass der Angeklagte eine fremdes Eigentum missachtende Gesinnung zeigte."). Insbesondere erstreckt sich § 46 III StGB auch auf den Regelungsgrund, also den kriminalpolitischen Grundgedanken der für die Schaffung der Strafvorschrift ausschlaggebend war und ihr unausgesprochen zugrunde liegt (z.B. beim Rauschgifthandel: „Strafschärfend war zu berücksichtigen, dass der Angeklagte durch sein Verhalten Schäden für einzelne und für die Gesellschaft verursacht hat.")

Schließlich gilt § 46 III StGB über den Wortlaut hinaus auch für strafrahmenbestimmende Umstände (z.B. § 243 I 2 StGB) und für typisierte Milderungsgründe (z.B. § 23 II StGB für den Versuch). Allerdings sind die mit dem Milderungsgrund zusammenhängenden tatsächlichen Umstände bei der Zumessung innerhalb des milderen Strafrahmens zu berücksichtigen. Insofern muss der Tatrichter in diesem Rahmen auch stets auf die Modalitäten dieser Umstände eingehen (z.B. wie weit der Versuch noch von der Tatvollendung entfernt war).

P Konkrete Festsetzung der Strafe nach Art und Höhe

Nachdem die konkrete Tat auf der zweiten Stufe in den gesetzlichen Strafrahmen eingeordnet wurde, wird auf der 3. Stufe die Strafe schließlich nach Art und Höhe konkret festgesetzt.

Freiheitstrafe und Geldstrafe müssen (und können) in der Klausur der Höhe nach nicht bestimmt werden. Bei einer Geldstrafe ist üblicherweise in der Klausur nur die Höhe der Tagessätze zu bestimmen.

KLAUSURHINWEIS

Auf die Höhe des Tagessatzes kommt es nicht an, wenn aus einer Einzelgeldstrafe und einer Einzelfreiheitsstrafe eine Gesamtfreiheitsstrafe gebildet wird. Deshalb dürfen Ausführungen zur Höhe der Geldstrafe erst im Rahmen der Gesamtstrafenbildung gem. § 54 StGB erfolgen.

Vor diesem Hintergrund kam zur Einwirkung auf den Angeklagten nur eine Freiheitsstrafe in Betracht.
Vor diesem Hintergrund reichte zur Einwirkung auf den Angeklagten eine Geldstrafe aus.
Diese erschien nach Abwägung der genannten Gesichtspunkte in einer Höhe von (...) als tat- und schuldangemessen.
Oder:
Die hiernach einzig in Betracht kommende Freiheitsstrafe erschien nach Abwägung der genannten Gesichtspunkte in einer Höhe von (...) als tat- und schuldangemessen.

Ⓟ Gesamtstrafe

Bei der Bildung einer Gesamtstrafe gem. § 54 StGB würde, sofern eine Einzelstrafe eine lebenslange Freiheitsstrafe ist, gem. § 54 I 1 StGB als Gesamtstrafe auf lebenslange Freiheitsstrafe erkannt. Ansonsten sind zunächst für jede einzelne Tat die Einzelstrafen zu bestimmen und sodann gem. § 54 I 3 StGB unter nochmaliger Würdigung aller Umstände (da das Urteil ansonsten revisibel wäre) eine Gesamtstrafe festzusetzen.
Grundsätzlich kann die Gesamtstrafe unter Bezugnahme auf die bei den Einzelstrafen vorgenommene Gesamtwürdigung begründet werden:

Aus diesen Einzelstrafen war gem. den §§ 53, 54 StGB eine Gesamtstrafe zu bilden. Unter nochmaliger Abwägung aller für und gegen den Angeklagten sprechenden Umstände erschien insgesamt eine Gesamtfreiheitsstrafe von (...) als tat- und schuldangemessen.

Besonders gut kann diese Formulierung noch dadurch werden, dass das insoweit maßgebliche Kriterium des BGH, nämlich der gegebene/fehlende zeitliche, sachliche und situative Zusammenhang (Fischer, § 54 Rn 7a) eingeflochten wird:

Aus diesen Einzelstrafen war gem. den §§ 53, 54 StGB eine Gesamtstrafe zu bilden. Hierbei hat das Gericht nicht nur alle für und gegen den Angeklagten sprechenden Umstände nochmals abgewogen, sondern überdies den zwischen den Taten bestehenden engen zeitlichen und situativen Zusammenhang berücksichtigt. Insgesamt erschien eine Gesamtfreiheitsstrafe von (...) als tat- und schuldangemessen.

Ⓟ Nachträgliche Gesamtstrafenbildung

Die Voraussetzungen finden sie bereits oben unter „Urteilsformel / Tenor – Vertiefung". Obige Passage wäre dann wie folgt zu ergänzen:

> Aus diesen Einzelstrafen war gem. den §§ 53, 54 StGB eine Gesamtstrafe zu bilden. **Zusätzlich war hier nach § 55 Abs. 1 S. 1 StGB die noch nicht erledigte Freiheits-(Geld-)strafe von (...) aus dem rechtskräftigen Urteil des (...) vom (...) einzubeziehen, da die hier abzuurteilende Tat vor diesem Urteil begangen wurde.** Hierbei hat das Gericht nicht nur alle für und gegen den Angeklagten sprechenden Umstände nochmals abgewogen, sondern überdies den zwischen den Taten bestehenden engen zeitlichen und situativen Zusammenhang berücksichtigt. Insgesamt erschien eine Gesamtfreiheitsstrafe von (...) als tat- und schuldangemessen.

Härteausgleich: Scheitert eine nachträgliche Gesamtstrafenbildung daran, dass die in einem früheren Urteil verhängte Strafe bereits vollständig vollstreckt, verjährt oder erlassen ist, muss nach dem Prinzip des § 55 StGB die sich durch die getrennte Aburteilung ergebenden Härte auf der Grundlage der **Vollstreckungslösung** ausgeglichen werden (Fischer, § 55 Rn 21 ff.). In der Urteilsformel ist auszusprechen, dass als Härteausgleich ein bezifferter Teil der verhängten Strafe in Anlehnung an den Rechtsgedanken des § 51 I 1 StPO als vollstreckt gilt. Bei Geldstrafe ist die schuldangemessene Geldstrafe in der Urteilsformel auszusprechen und zugleich festzusetzen, dass ein bezifferter Teil der zugemessenen Tagessätze als bereits vollstreckt gilt.

Ⓟ Höhe des Tagessatzes bei Geldstrafe

Bei einer Geldstrafe ist üblicherweise in der Klausur nur die Höhe der Tagessätze zu bestimmen. Hierbei geht das Gericht gem. § 40 II 2 StGB in der Regel von dem Nettoeinkommen, bereinigt um nachvollziehbare Verbindlichkeiten und Unterhaltsverpflichtungen (max. 50 %, Fischer, § 40 Rn 14), aus, das der Angeklagte durchschnittlich an einem Tag hat oder haben könnte (vgl. Fischer, § 40 Rn 7). Hierbei wird generell davon ausgegangen, dass ein **Monat pauschal 30 Tage** hat. Sollte dies erforderlich sein, so werden im Klausursachverhalt konkrete Angaben zu finden sein.

> **KLAUSURHINWEIS**
> Nochmals: Auf die Höhe des Tagessatzes kommt es nicht an, wenn aus einer Einzelgeldstrafe und einer Einzelfreiheitsstrafe eine Gesamtfreiheitsstrafe gebildet wird. Deshalb dürfen Ausführungen zur Höhe der Geldstrafe erst im Rahmen der Gesamtstrafenbildung gem. § 54 StGB erfolgen.

Ⓟ Strafaussetzung zur Bewährung

Ist (nur) die Verhängung einer **Freiheitsstrafe** angemessen, muss in einem letzten Schritt geprüft werden, ob eine Strafaussetzung zur Bewährung gemäß § 56 StGB in Betracht kommt. Grundvoraussetzung hierfür ist eine **günstige Sozialprognose**. Für sie ist ausreichend, dass die Wahrscheinlichkeit künftig straffreien Verhaltens größer ist, als diejenige für die Begehung neuer Straftaten.

Merke: Eine günstige Prognose ist in der Klausur in der Regel ohne Weiteres möglich, wenn der Angeklagte das erste Mal straffällig war.

Einen nicht abschließenden Katalog der bei dieser Einschätzung zu berücksichtigenden Umstände liefert § 56 I 2 StGB. Liegt eine günstige Prognose vor, hilft die gefundene **Strafhöhe**:

- Bei einer Freiheitsstrafe von **1 Monat – unter 6 Monate** (§ 56 I StGB):
  → günstige Sozialprognose

- Bei einer Freiheitsstrafe von **6 Monaten – 1 Jahr** (§ 56 I, III StGB):
  → günstige Sozialprognose und
  → Entbehrlichkeit der Vollstreckung zur Verteidigung der Rechtsordnung

- Bei einer Freiheitsstrafe von über **1 Jahr – 2 Jahren** (§ 56 II, I, III StGB):
  → günstige Sozialprognose und
  → Entbehrlichkeit der Vollstreckung zur Verteidigung der Rechtsordnung und
  → Vorliegen besonderer Umstände

- **Oberhalb von zwei Jahren** scheidet eine Strafaussetzung zur Bewährung definitiv aus (Umkehrschluss aus § 56 II 1 StGB).

KLAUSURHINWEIS
Für den hier relevanten Bereich lautet der **Bearbeitervermerk** in aller Regel wie folgt:

Im Falle einer Verurteilung ist keine bestimmte Strafhöhe auszusprechen. In den Gründen ist jedoch dazulegen:
- *Von welchem Strafrahmen auszugehen ist,*
- *ob eine Geld- oder Freiheitsstrafe für angemessen erachtet wird,*
- *(...)*
- *ob bei einer Freiheitstrafe eine Strafaussetzung zur Bewährung in Betracht kommt und welche rechtlichen Grundlagen diesen Erwägungen zu Grunde liegen; soweit es in diesem Zusammenhang auf die Höhe der Freiheitsstrafe ankommen sollte, sind Ausführungen erforderlich, in welcher Größenordnung eine Strafe zu erwarten ist.*

Vor diesem Hintergrund müssen Sie sich überlegen, wie Sie in der Klausur dieses Thema taktisch klug und effektiv bearbeiten.

1. taktische Option:
Wenn Sie sich im Falle auch möglicher Geldstrafe gegen diese entscheiden haben, können Sie sich – in der Regel nicht angreifbar (vgl. Fischer, § 46 Rn 147) – für eine Freiheitsstrafe von über zwei Jahren aussprechen.

Im Tenor schreiben Sie dann:

Der Angeklagte wird wegen Diebstahls zu einer Freiheitsstrafe von (über zwei Jahre) verurteilt.

In der Strafzumessung schreiben Sie:

(...) erschien eine Freiheitsstrafe von (über zwei Jahre) als tat- und schuldangemessen. (...)
Eine Strafaussetzung kam nicht in Betracht, § 56 Abs. 2 S. 1 StGB.

2. taktische Option:
Natürlich kann es Fälle geben, in denen Sie sich für eine Freiheitsstrafe entscheiden „mussten", aber eine Höhe von über zwei Jahren als kaum vertretbar erscheint. In diesem Fall „droht", dass Sie den wegen der „besonderen Umstände" begründungsintensiven § 56 II StGB behandeln müssen.

KLAUSURHINWEIS
Vermeiden Sie nach Möglichkeit die Unterstellung eines Strafrahmens von über einem Jahr bis einschließlich zwei Jahren. Vermeiden Sie dadurch die Prüfung des § 56 II StGB.

Machen Sie also deutlich, dass Sie nicht mehr als ein Jahr Freiheitsstrafe verhängen wollen.

Im Tenor schreiben Sie dann:

Der Angeklagte wird wegen Diebstahls zu einer Freiheitsstrafe von (nicht über ein Jahr) verurteilt.

In der Strafzumessung schreiben Sie:

(...) erschien eine Freiheitsstrafe von (nicht über ein Jahr) als tat- und schuldangemessen. (...)

(AG Köln, 712 Ds 15/17):
Die Freiheitsstrafe konnte zur Bewährung ausgesetzt werden, § 56 StGB. Gegen den Angeklagten wird erstmalig eine Strafe verhängt, so dass das Gericht davon ausgehen kann, dass allein die Verurteilung wie auch die Durchführung der Hauptverhandlung den Angeklagten nachhaltig beeindruckt haben und ihn von weiteren Straftaten abhalten wird.

(AG Köln, 526 Ds 490/14):
Die Freiheitsstrafe konnte gemäß § 56 Abs. 1 StGB zur Bewährung ausgesetzt werden. Eine dafür erforderliche positive Sozialprognose kann der Angeklagten noch einmal gestellt werden. Die Angeklagte wurde nun erstmals nach den Vorschriften des Erwachsenenstrafrechts verurteilt. Es besteht die berechtigte Hoffnung, dass sie die nun vor Augen geführte und frei von Erziehungsmaßnahmen ausgesprochene Freiheitsstrafe von einem Jahr und zwei Monate sich als Warnung gereichen lässt und künftig von der Begehung weiterer Straftaten absehen wird. Ferner vermag die Unterstellung unter einer Bewährungshelferin einen engen Kontakt und die nach dem Bericht der Bewährungshelferin maßgebliche Loslösung von ihrer Familie zu bewirken, womit nach Überzeugung des Gerichts einer weiteren Delinquenz Einhalt geboten werden kann.

(AG Schwelm, 50 Ds-500 Js 454/14-274/14):
Gemäß § 56 Abs. 1 StGB konnte die Vollstreckung dieser Freiheitsstrafe zur Bewährung ausgesetzt werden. Das Gericht hat die Erwartung, dass der Angeklagte in Zukunft genügend Stabilität erreichen wird, um auch ohne die Begehung weiterer Straftaten sein Leben meistern zu können. Nach Durchführung der Hauptverhandlung und dem persönlichen Eindruck, den der Angeklagte im Hauptverhandlungstermin hinterlassen hat, geht das Gericht davon aus, dass dieser hinreichend durch das Strafverfahren beeindruckt und von der Begehung weiterer Straftaten abgeschreckt ist.

3. taktische Option
Sollte es – gerade wegen einer notwendigen Gesamtstrafenbildung – „unvermeidbar" sein, einen Strafrahmen von über einem Jahr bis einschließlich zwei Jahren anzunehmen, halten Sie die Ausführungen zu § 56 II StGB möglichst kurz.

AG Lemgo (21 Ls-22 Js 709/17-10/18):
Die Vollstreckung der Strafe konnte nach § 56 Abs. 1 und 2 StGB zur Bewährung ausgesetzt werden, da zu erwarten ist, dass sich die Angeklagte nicht wieder strafbar machen wird und allein durch die Verurteilung zu der Freiheitsstrafe ausreichend gewarnt ist. Außerdem liegen besondere Umstände im Sinne des § 56 II StGB vor. Die Angeklagte ist nicht vorbestraft, sie ist geständig und hat eine doch erhebliche Schadenswiedergutmachungszahlung in Aussicht gestellt.

KLAUSURHINWEIS
Im Falle der Strafaussetzung zur Bewährung ist gem. § 268a I StPO ein Beschluss erforderlich. Dieser ist jedoch nach dem Bearbeitervermerk stets erlassen:
Ein bei einer eventuellen Strafaussetzung zur Bewährung zu erlassender Beschluss braucht nicht ausformuliert zu werden.

Ⓟ Anrechnung einer Untersuchungshaft

Die (erlittene) Untersuchungshaft wird gem. **§ 51 I 1 StGB** grundsätzlich auf die Strafe angerechnet. Nur ausnahmsweise kann das Gericht anordnen, dass die Anrechnung ganz oder teilweise unterbleibt. Voraussetzung einer solchen Anordnung, die im Urteil begründet werden muss, ist, dass die Anrechnung im Hinblick auf das Verhalten des Verurteilten nach der Tat nicht gerechtfertigt ist, § 51 I 2 StGB. Für den Tenor bedeutet dies, dass es einer ausdrücklichen Anrechnung nicht bedarf, sondern nur die Nichtanrechnung eines Ausspruchs im **Tenor** bedarf.

Der Angeklagte wird wegen Betruges zu einer Freiheitsstrafe von ... verurteilt. Die Anrechnung der Untersuchungshaft auf die Freiheitsstrafe unterbleibt.

Ⓟ Nebenstrafe Fahrverbot

Im StGB ist als Nebenstrafe das Fahrverbot gem. § 44 StGB vorgesehen. Entsprechend seiner Rechtsnatur als Nebenstrafe ist das Fahrverbot nur neben einer Strafe zulässig. Das Fahrverbot als straßenverkehrsrechtliche Sanktion erfüllt primär eine Erziehungsfunktion („Denkzettel") (Fischer, § 44 Rn 2), kann aber im Einzelfall auch generalpräventive Ziele verfolgen. Die nunmehr erfolgte Ausweitung des Fahrverbots soll die Reaktionsmöglichkeiten gerade im Bereich kleinerer und mittlerer Kriminalität erweitern, um in geeigneter Weise auf den Angeklagten einzuwirken, und soll insbesondere auch helfen, kurze Freiheitsstrafen zu vermeiden. Spezialpräventiv soll nunmehr ein Fahrverbot auch in den Fällen in Betracht gezogen werden, in denen eine Geldstrafe allein bei dem Urteil möglicherweise keinen hinreichenden Eindruck hinterlässt, die Verhängung einer Freiheitsstrafe wiederum eine zu einschneidende Sanktion wäre. Durch die Kombination mit einer Geldstrafe kann auch die Verhängung eines Fahrverbots eine an sich angezeigte Freiheitsstrafe vermeiden.

Auch nach jetzt geltendem Recht kann ein Fahrverbot nach § 44 I 2 StGB verhängt werden, v.a. (dies soll der erste Halbsatz verdeutlichen) wenn die **Straftat im Zusammenhang mit einem Kfz begangen** wurde. Die Norm benennt (abschließend) drei Varianten, die sich überschneiden. Eine genaue Zuordnung zu den einzelnen Fallgruppen ist nicht notwendig, weil hinsichtlich der Rechtsfolge keine Unterschiede bestehen.
Aber auch bei **Straftaten ohne Verkehrsbezug** kann aufgrund der Gesetzesänderung jetzt „namentlich" ein Fahrverbot dann verhängt werden, wenn dieses entweder zur Einwirkung auf den Täter (1.Var.) oder zur Verteidigung der Rechtsordnung erforderlich erscheint (2.Var.) oder hierdurch die Verhängung einer Freiheitsstrafe oder deren Vollstreckung vermieden werden kann (3. Var.). Die drei genannten Anwendungsfälle implizieren, dass das Fahrverbot keine Sanktion für Bagatellstraftaten ist, sondern im Bereich der leichten bis mittleren Kriminalität zur Anwendung kommen soll. Die Entscheidung, ob tatsächlich ein Fahrverbot neben der Hauptstrafe zu verhängen ist, obliegt weiterhin dem richterlichen Ermessen. Dabei ist stets zu beachten, dass Haupt- und Nebenstrafe in einer Wechselwirkung stehen und daher zusammen das Maß der Tatschuld nicht überschreiten dürfen.

Der Angeklagte wird wegen unerlaubten Entfernens vom Unfallort zu einer Geldstrafe von ... Tagessätzen zu 20,- € verurteilt. Ihm wird für die Dauer von 2 Monaten verboten, im Straßenverkehr Kraftfahrzeuge jeder Art zu führen.

KLAUSURHINWEIS
Wenn der Sachverhalt keine ganz klaren Hinweise enthält, sollten Sie außerhalb des § 44 I 2 StGB auf die Verhängung eines Fahrverbots und den damit zusammenhängenden Begründungsaufwand schon aus Zeitgründen verzichten.

Ⓟ Die Entziehung der Fahrerlaubnis
Unmittelbar nach der Festsetzung der Strafe und vor der Kostenentscheidung muss der klausurrelevante Fall der Entziehung der Fahrerlaubnis nach §§ 69, 69a StGB angesprochen werden.

Einfach liegt der Fall, wenn eines der **Regelbeispiele des § 69 II StGB** vorliegt. Hier muss eine die Ungeeignetheit begründende Gesamtwürdigung nur erfolgen, wenn für einen Ausnahmefall ernsthafte Anhaltspunkte bestehen (Fischer, § 69 Rn 22). Ansonsten ist die Fahrerlaubnis zwingend zu entziehen:

(Vgl. AG Neubrandenburg, 301 Cs 381/17):
Durch die Tat hat sich die Angeklagte als ungeeignet erwiesen zum Führen von Kraftfahrzeugen gemäß § 69, 69a StGB, da sie ein Regelbeispiel verwirklicht hat. Anhaltspunkte, welche die Indizwirkung des Regelbeispiels ausnahmsweise entfallen lassen, liegen nicht vor.

Weiterhin können **andere typische Verkehrsstraftaten** vorliegen. Ein Zusammenhang mit dem Führen eines Kfz besteht ohne weiteres bei Straftaten, die im Straßenverkehr vorsätzlich oder fahrlässig zum Nachteil eines anderen Verkehrsteilnehmers begangen werden, wie z.B. Tötungs-, Körperverletzungs- oder Sachbeschädigungsdelikte (Fischer, § 69 Rn 38). Ein bloß äußerer Zusammenhang genügt jedoch nicht.
Bei einer solchen Tat ergibt sich regelmäßig unproblematisch die charakterliche Ungeeignetheit des Täters zum Führen von Kraftfahrzeugen, weil sie tragfähige Schlüsse darauf zulässt, dass der Täter bereit ist, die Sicherheit des Straßenverkehrs seinen eigenen kriminellen Zielen unterzuordnen. Auch hier kann die Begründung i.d.R. knapp ausfallen.

(Vgl. AG Rudolstadt, 312 Js 23002/16):
Die Entziehung der Fahrerlaubnis beruht auf § 69 Abs. 1 StGB. Durch den verkehrsfremd-verkehrsfeindlichen Einsatz ihrer Kraftfahrzeuge als Tatmittel einer versuchten Körperverletzung haben sich die Angeklagten als charakterlich ungeeignet zum Führen von Kraftfahrzeugen erwiesen.

Taten der **allgemeinen Kriminalität** genügen nicht, um den erforderlichen inneren Zusammenhang zu begründen. Die Entziehung der Fahrerlaubnis wegen charakterlicher Ungeeignetheit setzt voraus, dass die Anlasstat tragfähige Rückschlüsse zulässt, wonach der Täter bereit ist, die Sicherheit des Straßenverkehrs seinen eigenen kriminellen Interessen unterzuordnen.

Die Fahrerlaubnisentziehung kommt nur dann in Betracht, wenn der Täter bereit ist, sich zur Erreichung seiner kriminellen Ziele über die im Verkehr erforderliche Sorgfalt und Rücksichtnahme hinwegzusetzen. Diese konkreten Umstände können sich auch aus dem Vorleben des Täters und der Tatvorbereitung ergeben (Fischer, § 69 Rn 45a f.).

Der erforderliche funktionale Zusammenhang ist gegeben, wenn das Kfz planmäßig zur Tatvorbereitung benutzt wird. Die Rspr. hat ihn bejaht, wenn mit dem Kfz das Tatwerkzeug zum Tatort gebracht, der Tatort ausgekundschaftet, ein Beteiligter zum Tatort transportiert oder das Tatopfer im Rahmen des deliktischen Geschehens transportiert wird. Der Zusammenhang besteht auch, wenn das Fahrzeug zum Beutetransport, bei Schmuggelfahrten, bei der Einfuhr von Waffen oder bei der Einfuhr oder beim sonstigen Transport von Betäubungsmitteln verwendet wird.

Bei der Verwendung des Fahrzeugs als **Fluchtmittel** besteht der funktionale Zusammenhang nur dann, wenn diese Verwendung bereits vor Beendigung der Tat geplant war. Auf die Art und Weise der Benutzung des Fahrzeugs, also etwa darauf, ob dabei die Verkehrsregeln massiv verletzt werden oder nicht, kommt es nicht an. Entscheidend ist stets nur die dem Tatplan entsprechende Verwendung als Fluchtfahrzeug.

Die Einziehung des Führerscheins und die Anordnung der Sperrfrist sollten wie folgt nur kurz unter Hinweis auf die Gesetzeslage begründet werden:

Die Entscheidungen über die Einziehung des Führerscheins sowie die Sperre für die Erteilung einer Fahrerlaubnis beruhen auf §§ 69 Abs. 3 S. 2, 69a Abs. 1 S. 1 StGB.

Der **Tenor** lautet:

Dem Angeklagten wird die Fahrerlaubnis entzogen. Sein Führerschein wird eingezogen. Vor Ablauf von (...) Monaten darf ihnen die Verwaltungsbehörde keine neue Fahrerlaubnis erteilen.

Merke: Besitzt der Angeklagte keine Fahrerlaubnis, so wird dennoch eine „isolierte" Sperre angeordnet, § 69a I 3 StGB.

Ⓟ Die Einziehung

Die Vorschriften über die Einziehung nach den §§ 73 ff. StGB dienen der Abschöpfung von rechtswidrig erlangten Vermögensvorteilen aus Straftaten. Die Vorschriften bezwecken, dem Täter den Anreiz zur Tatbegehung zu nehmen. Straftaten sollen sich in wirtschaftlicher Hinsicht nicht lohnen. Dies wäre ansonsten immer dann der Fall, wenn der Täter zu einer Geldstrafe verurteilt wird, die den deliktischen Profit unterschreitet oder wenn eine Bewährungsstrafe ohne jede Aufl. nach § 56b StGB verhängt wird. Somit statuieren die §§ 73 ff. StGB, dass deliktisch erlangter Profit unter den dort näher normierten Voraussetzungen der Staatskasse verfällt, wofür nunmehr in Angleichung an die europäische Terminologie (confiscation) durchgängig der Begriff der Einziehung verwendet wird. Neu ist insbes. die Terminologie. Der Begriff des Verfalls wurde ersetzt durch die Einziehung, ohne dass damit eine materielle Änderung verbunden wäre.

Die Einziehung der dem angeklagten gehörenden Tatwaffe beruht auf § 74 Abs. 1 StGB.

DER TEILFREISPRUCH

Anders als bei der staatsanwaltschaftlichen Tätigkeit muss das Gericht bereits dann teilfreisprechen, wenn es nach der Würdigung der Beweise oder der Rechtslage zu dem Ergebnis gelangt, dass bei einem Angeklagten eine in Realkonkurrenz (§ 53 StGB) angeklagte Tat nicht vorliegt bzw. einer von verschiedenen Angeklagten freigesprochen werden muss. In der Tenorierung wird jedoch nicht auf die Tat bzw. die Delikte Bezug genommen.

Der **Tenor** lautet:

Der Angeklagte wird wegen (...) zu (...) verurteilt. Im Übrigen wird er freigesprochen. Der Angeklagte trägt die Kosten des Verfahrens. Soweit der Angeklagte freigesprochen wird, trägt die Kosten des Verfahrens sowie die notwendigen Auslagen des Angeklagten die Staatskasse.

Ein kompletter Freispruch des einzigen zu prüfenden Angeklagten erscheint als ausgeschlossen, weil dadurch ein „reguläres" Schuldspruch-Urteil vom Prüfling nicht angefertigt werden müsste.

Sehr wahrscheinlich ist deshalb ein Teilfreispruch eines Angeklagten. Dies wäre bei einem **Teilfreispruch aus tatsächlichen Gründen** im Urteil wie folgt darzustellen:

I.
(Persönliche Verhältnisse)

II.
(Sachverhaltsschilderung)

III.
(Beweiswürdigung)

IV.
(Rechtliche Würdigung)

V.
(Strafzumessung)

VI.

Dem Angeklagten wurde des Weiteren zur Last gelegt, dass (...).
T wird in der Anklageschrift vom beschuldigt, (...) begangen zu haben. Er soll (...)

VII.

Hinsichtlich des Vorwurfs der fahrlässigen Körperverletzung war der Angeklagte aus tatsächlichen Gründen freizusprechen. Denn ihm konnte nicht nachgewiesen werden, dass (...).

VIII.

Nach dem Ergebnis der Beweisaufnahme steht fest, dass (...)

IX.

Die Angeklagte ließ sich dahingehend ein, dass (...). Die Einlassung des Angeklagten ist nicht zu widerlegen. (...) Die Zeugin Z. sagte zwar aus (...)

X.

(einheitliche Kostenentscheidung)

Sofern einer von mehreren Angeklagten vollständig freizusprechen ist, ist für diesen das obige Schema von VI. bis X. zu verwenden.
In diesem Fall kann es sich ausnahmsweise anbieten, das Urteil zusätzlich in die Punkte A. (Schuldspruch für den Angeklagten A) und B. (Freispruch für den Angeklagten F) zu untergliedern.

Bei einem **Teilfreispruch aus rechtlichen Gründen**, würden Sie wie folgt vorgehen:

I.

(Persönliche Verhältnisse)

II.

(Sachverhaltsschilderung)

III.

(Beweiswürdigung)

IV.

(Rechtliche Würdigung)

V.

(Strafzumessung)

VI.

Dem Angeklagten wurde des Weiteren zur Last gelegt, dass (...).
T wird in der Anklageschrift vom beschuldigt, (...) begangen zu haben. Er soll (...)

VII.

Dadurch hat sich der Angeklagte aber (jedenfalls) nicht strafbar gemacht."
(Es folgt die rechtliche Würdigung)

VIII.

(einheitliche Kostenentscheidung)

TEILEINSTELLUNG

Ergibt die Würdigung der Beweise oder der Rechtslage, dass für eine in Realkonkurrenz gem. § 53 StGB angeklagte Tat (oder bei verschiedenen Angeklagten für einen der Angeklagten) ein Verfahrenshindernis besteht (z.B. Verjährung, Strafklageverbrauch, dauernde Verhandlungsunfähigkeit), so muss das Verfahren gem. § 260 III StPO eingestellt werden.

Bei dieser Einstellung ist aber das Prinzip des Vorrangs des Freispruchs zu beachten, d.h., stünde nach dem Stand der Hauptverhandlung bis zu dem Zeitpunkt des Bekanntwerdens des Verfahrenshindernisses fest, das dem Angeklagten keine Straftat nachzuweisen ist, so wird das Verfahren nicht eingestellt, sondern der Angeklagte freigesprochen.

Die Einstellung kann auf **tatsächlichen Gründen** beruhen, z.B. weil die Strafmündigkeit bei „verlorenen" Ausweispapieren nicht sicher festgestellt werden kann.
In diesem Fall sollten Sie sich für den Aufbau des Urteils am Teilfreispruch aus tatsächlichen Gründen orientieren.

Die Einstellung kann aber auch auf **rechtlichen Gründen** basieren. In diesem Fall bietet sich an:

I.
(Persönliche Verhältnisse)

II.
(Sachverhaltsschilderung)

III.
(Beweiswürdigung)

IV.
(Rechtliche Würdigung)

V.
(Strafzumessung)

VI.
Dem Angeklagten wurde des Weiteren zur Last gelegt, dass (...).
Oder:
T wird in der Anklageschrift vom beschuldigt, (...) begangen zu haben. Er soll (...)

VII.
Hinsichtlich des Vorwurfs (...) war das Verfahren einzustellen, denn (...).

VIII.
(einheitliche Kostenentscheidung)